市场经济与统一大市场

林永生 —— 著

中国出版集团
中译出版社

图书在版编目（CIP）数据

市场经济与统一大市场 / 林永生著 . —— 北京：中译出版社，2022.7
 ISBN 978-7-5001-7113-3

Ⅰ. ①市⋯ Ⅱ. ①林⋯ Ⅲ. ①中国经济—社会主义市场经济—研究②统一市场—研究—中国 Ⅳ. ① F123.9 ② F723

中国版本图书馆 CIP 数据核字（2022）第 105491 号

市场经济与统一大市场
SHICHANG JINGJI YU TONGYI DA SHICHANG

著　　者：林永生
策划编辑：于　宇　华楠楠　李梦琳
责任编辑：于　宇
文字编辑：华楠楠　李梦琳
营销编辑：杨　菲

出版发行：中译出版社
地　　址：北京市西城区新街口外大街 28 号普天德胜大厦主楼 4 层
电　　话：（010）68002494（编辑部）
邮　　编：100044
电子邮箱：book@ctph.com.cn
网　　址：http://www.ctph.com.cn

印　　刷：中煤（北京）印务有限公司
经　　销：新华书店
规　　格：710 mm×1000 mm　1/16
印　　张：18.5
字　　数：192 千字
版　　次：2022 年 7 月第 1 版
印　　次：2022 年 7 月第 1 次印刷

ISBN 978-7-5001-7113-3　　　　定价：68.00 元

版权所有　侵权必究
中 译 出 版 社

序

价格机制能够引导资源实现有效配置,这是亚当·斯密(Adam Smith)留给后世的精神财富,也是自由市场经济的理论依据。作为新中国第一位价格学的博士和中国市场化改革的早期倡导者之一,我在中国社会科学院、国务院研究室、北京师范大学的三段工作生涯中,始终关注和研究中国市场经济问题,希望通过建言献策、著书立说、言传身教,贡献自己的一份绵薄之力,服务社会主义市场经济体制建设。古稀之年,我感到很欣慰的是,我的学生——北京师范大学林永生教授能够继续扛起这面研究大旗砥砺前行,同时也令我高兴的是可以为其新书作序。接下来,我想基于2018年12月8日我在北京大学经济学院举办的"纪念改革开放40年:与经济改革和开放同行的经济学院"论坛上的发言稿,略做修改,谈谈社会主义市场经济的内涵特点与现实意义,作为本书之序。

"社会主义市场经济"是一个划时代的概念,是社会主义史上有里程碑意义的概念,是中国共产党和中国人民的伟大创新。其内涵丰富,至少具备四个特点。

一、理想与手段的结合

"计划与市场都是经济手段。社会主义本质是解放生产力，消灭剥削，消除两极分化，最终达到共同富裕。"邓小平同志的这个论述，明确阐述了"社会主义市场经济"是我们奋斗目标与手段的结合。社会主义的最终目标，就是为了让社会的一切成员都过上好日子；而我们追求的市场经济，应是现代文明的市场经济。从狭义上讲，"市场经济"是对经济运行的一种调节手段，是社会资源的一种配置方式，是经济运行的一种方式；从广义上讲，"市场经济"又不仅仅是一种方式或手段，而是一种经济制度，是使市场供求能自由调节产需的运行方式得以实现的经济制度。

二、历史与现代的结合

现代市场经济的成就，丰富了社会主义的含义；社会主义的基本规定性，限定了市场经济造成不公平的一面。通过社会主义与市场经济的双向改造，即现代市场经济对传统社会主义的改造，现代社会主义对古典市场经济的改造，我们得到了历史上从来没有过的一种经济基础形态，即社会主义市场经济，这将是一种既符合国际进步潮流又继承了中国近代革命传统的社会形态，并且长期存在。改革开放的成果为社会主义增添了新时代精神的丰富内涵，世界范围的现代化大潮为市场经济带来了一种文化意义上的跃进。

三、社会精英"为人民服务"理念与亿万人民群众自己创造历史实践的结合

在任何时期,"为人民服务"都是社会精英的口号与活动导向。远至古代先贤们的大同思想,近至现代社会主义学说的形成与发展,我们都看到、听到先贤们为解除当时人民苦难发出的声音,尤其是对代表当时先进生产力、为社会做出最重要贡献的人民为其探索幸福之路而发出的呐喊。与此同时,我们知道,社会演进过程中先后出现过多种经济形态。其中,市场经济具有最大的人民性。这表现在参与市场交换活动的普遍性,选择生活和消费方式的个性自由,参与生产活动的自主性,制定规则的主动与首创精神。中国改革开放所取得的伟大业绩,就是党的正确路线与人民群众结合的体现。强调"看不见的手"和"有形的手"结合的两手理念,而这曾是东亚几国20世纪末快速发展的关键因素,也体现着现今中国社会主义市场经济的特色。

四、公有制与非公有制的平等结合

社会主义市场经济是商品自由交换的经济,商品自由交换的基础是必须明确商品交换者所持商品的所有权,这是法律强调的。再进一步,所有的公有财产与私有财产是法律明确保护的。显然,与以单一私有制为基础的市场经济不同,也与单一公有制为基础的传统社会主义不同,社会主义市场经济是公有、私有平等对待,共同发展。用法律保护财产所有权,加强现代企业制度合法合规

市场经济与统一大市场

建设,是企业做大做强的基石。具体讲,如果我们不能从实际出发,不能正确评价资本的作用,不能正确评价企业家(或厂商)在创造社会财富上的作用,不能正确评价各社会阶级之间的合作关系,不能正确评价私有经济和公有经济各自不同的作用,不能坚持在法治下解决劳资关系,不能正确评价国际经济中发达国家的作用,等等,我们就不可能在确立社会主义市场经济体制和建设人类命运共同体上迈出有实质意义的步伐。

坚持社会主义市场经济具有重要的现实意义,这里仅谈两点。

第一,坚持社会主义市场经济是坚持多边主义、团结多国的基础支撑。我们要关注把市场经济地位问题从经贸领域引入政治领域的动向。在贸易领域,中国刚加入世界贸易组织(World Trade Organization,WTO)时,部分国家基于WTO议定书第15条,把中国视为"非市场经济国家",开展多起对华反倾销诉讼。当前,对以"改革"WTO为突破口,构建所谓市场经济国家联盟来对付非市场经济模式和体制,以改变单边主义孤立境遇的企图,我们要高度重视。中国建设和完善社会主义市场经济制度是完全自主的选择,任何国家无权干预。但我们要防范把市场经济地位从经贸领域引向国家制度领域的用心与策略。其实,早在2001年,我国绝大多数的商品价格实际上已经是由市场来决定。当时,根据我们在商务部等部门及专家支持下所写的《2003中国经济市场发展报告》,已测度出中国市场化程度达到69%,并得出结论:中国是发展中的市场经济国家,是新兴的市场经济国家。此后几年中,全球已经有80多个经济体承认中国市场经济地位,包括英国、澳大利亚、新西兰、瑞士、荷兰、俄罗斯、巴西等。中国加入 WTO 后 15 年自动获取市场经济地位的贸易权利，中美对此有正式协议，我们要力争。

第二，坚持社会主义市场经济也正是深化经济体制改革的指南。强调"社会主义市场经济"的理念，更利于明确现阶段改革的方向和重点，更强调要坚持改革的市场化取向，更强调要发展和健全统一的市场体系，更明确了现代化国家治理的途径，更规范了政府与企业、与市场的关系；同时，也更有利于对外开放，有利于中外经济交流中取得共同的语言和共守国际惯例办事。

虽然中国的市场化进程具有非均衡特征，不同年份的市场化程度也有起落，但是改革的基本方向是明确的，即党的十八届三中全会提出的"使市场在资源配置中起决定性作用和更好发挥政府作用"。

李晓西
国务院研究室宏观经济研究司原司长、
北京师范大学经济与资源管理研究院名誉院长
2022 年 4 月 16 日于海南陵水

前言

2017年,于我而言,意义非凡。这一年,我接替著名经济学家、北京师范大学经济与资源管理研究院名誉院长、国务院研究室宏观经济研究司原司长李晓西教授,开始担任北京师范大学中国市场经济研究中心主任。前人栽树,后人乘凉。我继承先生衣钵,以研究中国市场经济理论与实践问题为己任,在学术领域继续砥砺前行。这一年,承蒙太和智库理事长彭彬哥的信任和邀请,我有幸成为太和大家庭的一员,与同人们一道秉持"关注时代需要"的行动理念,剖析国家经济社会发展中的重大问题。这一年,在中国加入世界贸易组织即将迎来十七周年之际,美国和欧盟先后分别发布文件,继续拒绝承认中国的市场经济地位,并以此为主要依据,频繁发起对华反倾销调查,严重影响我国对外贸易,特别是广大出口企业的切身利益。基于此,社会主义市场经济是重要的研究课题。

市场经济,是一种强调依靠价格信号配置资源的经济运行体制,其理论基础是微观经济学中的瓦尔拉斯一般均衡理论和福利经济学定理。福利经济学定理可论证市场经济的有效性,而瓦尔拉斯一般均衡理论则能论证市场经济的稳定性。与此同时,市场

市场经济与统一大市场

经济并不排斥政府干预,"无形之手"还需要"有形之手"的配合。从世界范围来看,诸多市场经济国家的政府干预力度有大有小且干预方式各不相同,由此产生了不同的市场经济模式,如美国的自由市场资本主义、德国的社会市场经济、法国的统制经济(dirigisme)、斯堪的纳维亚国家的社会民主经济、英国的战后混合经济、中国的社会主义市场经济等。从这个意义上来看,如果一定要找到所有市场经济模式中最大公约数的话,那就是尊重市场规律,让供求决定价格,让价格信号这只"无形之手"在经济资源配置中起决定性作用。

新时代的中国对改革开放提出了新要求,必须秉持创新、协调、绿色、开放、共享的新发展理念,构建以国内大循环为主体、国内国际双循环相互促进的新发展格局。为此,《中共中央国务院关于加快建设全国统一大市场的意见》于2022年4月发布,旨在实现商品和生产要素全国范围内自由、无障碍流通,从而建成一个高效规范、公平竞争、充分开放的全国统一大市场,让市场更好地发挥在资源配置中的决定性作用,同时更好地发挥政府作用。这样的全国统一大市场,符合新发展理念,助推新发展格局,为建设高标准市场体系、构建高水平社会主义市场经济体制提供坚强支撑。

和而不同,美美与共。文明和制度的多样性既是人类经济社会发展的不竭动力,也是联合国所倡导包容与可持续发展的应有之义。大到国际组织的运行,小到普通家庭的组建,都需要充分考虑并尊重各参与主体的多样性。

但近年来,国际上再次兴起新自由主义思潮,华盛顿共识和

前 言

后华盛顿共识卷土重来。个别西方国家、机构和人士将社会主义市场经济误解为"政治威权+自由市场"或"国家资本主义",甚至曲解为"后毛泽东时代的中央计划经济",进而主张建立所谓"志同道合"的"市场经济国家联盟""民主国家联盟""民主10国"等,蓄意将市场经济模式之争提升为意识形态对立,制造不同阵营之间的分裂与对抗。这种把中国市场经济地位问题从经贸领域引向政治外交领域的风险,值得高度警惕。对此,国内各界大致持三类观点。

第一类,选择无视。这类观点认为,无论我们怎么做、怎么说,西方国家都不可能承认中国的市场经济地位,他们只认可新自由主义和华盛顿共识,希望中国能按照他们所设想的模式进行自我改造。因此,不用理会欧美国家对社会主义市场经济的看法,走自己的路,让别人去说吧。

第二类,强调特色。持这类观点的人士主张积极回应欧美国家对社会主义市场经济的关切。他们一方面基于法律条款进行字斟句酌的反驳,例如,认为外方有关文本中的市场经济地位判定尺度存在时间或空间推演方面的错误;另一方面过于强调中国特色,如中国特色社会主义、党的领导、生产资料公有制、共同富裕等。

第三类,突出共性。这类观点认为,最好从中外市场经济的共性标准出发,寻求最大公约数,全面、翔实、客观地解析社会主义市场经济,积极争取获得外方的理解和承认。

社会主义市场经济从无到有、由弱到强,是中国共产党带领全国各族人民不断实现中国特色社会主义理论突破和推进实践探索的结果。无数老一辈经济学家将马克思主义政治经济学、西方经济学和中国国情相结合，开展学术研究、著书立说，为党和国家推进改革开放事业建言献策。作为一名年轻的经济学人，我乐于将自己归为第三类，立足国内实践和前人研究，力争讲好中国社会主义市场经济的故事，为推动中外相互理解和政治互信，促进中外经贸合作贡献一份绵薄之力。

本书主要有三个特点：一是在概念上，主张用"社会主义+市场经济"，而不是用"有为政府+有效市场"来界定社会主义市场经济；二是在表述上，将社会主义市场经济的发展划分为"计划经济时期""有计划的商品经济时期""社会主义市场经济的提出与初步发展时期""社会主义市场经济的完善时期"4个阶段，以及采用"农村和农业""城镇和工业""对外开放"3个维度，进而用"4+3"的方式解读社会主义市场经济发展过程；三是在方法上，将定性和定量相结合，借鉴中国市场化指数和世界经济自由度指数，测度中国市场经济发展水平。同时，本书对市场经济与全国统一大市场也有所论述。

本书既适合那些希望读懂中国经济体制、了解中国改革开放故事的国内外朋友们，也适合国内商务、外交、宣传和文化等领域的政府官员，还适合国内高校政治经济学专业的广大师生们。本书不足之处，敬请读者们批评指正！

林永生
2021年12月于北京师范大学丽泽楼

目录

第一章 中国经济增长之谜与市场化改革

一、中国经济增长概况 // 003

二、不同时期经济增长状况比较 // 008

三、中国经济增长的主要驱动力 // 010

第二章 市场经济中的政府功能

一、纠正市场失灵 // 027

二、加强宏观调控 // 035

三、优化经济治理 // 042

四、辩证看待政府与市场之间的关系 // 047

第三章　GATT/WTO 框架下的市场经济地位问题

一、GATT/WTO 及其针对计划经济体的反倾销调查 // 054

二、GATT/WTO 通过《加入议定书》要求新成员履行附加义务 // 058

三、美欧应对非市场经济问题的主要做法及其特点 // 073

四、《中国加入议定书》首次出现"非市场经济"的提法 // 081

五、中美贸易摩擦以及围绕 NME 问题的中美讨论 // 088

第四章　欧美国家看社会主义市场经济

一、欧盟看社会主义市场经济 // 110

二、美国看社会主义市场经济 // 117

三、相关思考与应对策略 // 122

第五章　社会主义市场经济的本质特征

一、坚持社会主义基本经济制度 // 129

二、坚持市场经济的共性标准 // 142

第六章　社会主义市场经济的法治保障

一、中国法律体系关于社会主义市场经济的条款 // 159

二、社会主义市场经济法律制度建设 // 165

三、成效、问题与展望 // 170

第七章　社会主义市场经济的发展阶段

一、计划经济时期（1957—1983 年）// 177

二、有计划的商品经济时期（1984—1991 年）// 180

三、社会主义市场经济的提出与初步发展时期
　　（1992—2012 年）// 182

四、社会主义市场经济的完善时期（2013 年至今）// 186

第八章　国企改革

一、GATT/ WTO 框架对国有企业问题的关切 // 197

二、坚持和完善公有制为主体、多种所有制经济共同
　　发展的基本经济制度 // 201

三、中国国企改革历程 // 203

四、民营企业发展与"竞争中性"原则 // 210

第九章　规划体系与产业政策

一、中国规划体系的历史演变及现状 // 215

二、中国规划体系的主要任务与功能 // 220

三、中国产业政策的历史演变与阶段特征 // 226

四、欧美发达国家产业政策回顾 // 241

五、产业政策与现代市场经济的兼容性分析 // 249

第十章 加快建设全国统一大市场

一、《意见》基本内容 // 257

二、《意见》出台的背景与意义 // 258

三、全国统一大市场与社会主义市场经济之间的关系 // 266

四、居安思危：警惕全国统一大市场建设过程中的潜在风险 // 269

第十一章 构建高水平社会主义市场经济体制

一、构建高水平社会主义市场经济体制 // 275

二、展望与建议 // 278

第一章

中国经济增长之谜与市场化改革

自 1949 年中华人民共和国成立，特别是 1978 年改革开放以来，中国经济社会发展取得了辉煌成就。国家和人民越来越富，农村贫困人口越来越少，城镇常住人口越来越多。居民生活水平越来越高，人口寿命也越来越长。究竟是什么因素驱动了中国经济持续高速增长？国内外学者对此见仁见智，难有定论。不过，基本达成共识的是，社会主义市场经济是中国经济增长的主要驱动力。

一、中国经济增长概况

过去 70 多年，中国经济社会发展取得辉煌成就，涉及诸多方面。这里仅选取了中国的 GDP、人均 GDP、农村贫困人口数、常住人口城镇化率、居民恩格尔系数、人均预期寿命 6 个指标予以概述。

1952 年，中国 GDP 仅为 679.1 亿元。2018 年，中国 GDP 已经达到 900 309.5 亿元（见图 1.1）。

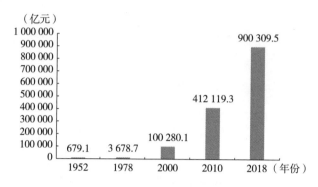

图 1.1　中国 GDP（1952—2018 年）

资料来源：伟大历程 辉煌成就——庆祝中华人民共和国成立 70 周年大型成就展，北京展览馆，2019 年 11 月。

中国人均 GDP 也快速增长，从 1952 年的 119 元增加到 2018 年的 64 644 元（见图 1.2）。

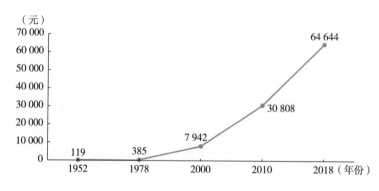

图 1.2　中国人均 GDP（1952—2018 年）

资料来源：伟大历程 辉煌成就——庆祝中华人民共和国成立 70 周年大型成就展，北京展览馆，2019 年 11 月。

随着中国 GDP、人均 GDP 持续快速增长，农村地区贫困人口数量大幅减少，越来越多的人迁移至城镇地区成为常住人口。1978年，中国农村贫困人口数量高达77 039万人，2018年仅为1 660万人（见图1.3）。

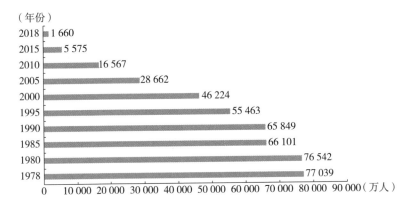

图1.3 中国农村贫困人口数量（1978—2018年）

资料来源：伟大历程 辉煌成就——庆祝中华人民共和国成立70周年大型成就展，北京展览馆，2019年11月。

如图1.4所示，中国常住人口城镇化率从1949年的10.64%增长到2018年的59.58%。

中国居民生活水平越来越高，人口寿命也越来越长。恩格尔系数是指居民食品支出总额占个人消费支出总额的比重。通常而言，一个国家越穷，国民的平均收入中（或平均支出中），用于购买食物的支出所占比例就越大，随着国家的富裕，这个比例则会呈下降趋势。如图1.5所示，中国居民的恩格尔系数在1978年时高达63.9%，到了2018年，则降至28.4%。

市场经济与统一大市场

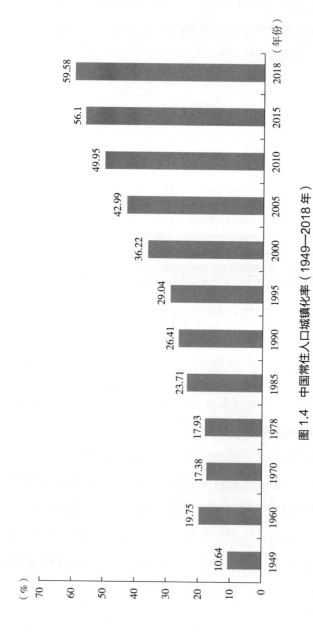

图 1.4 中国常住人口城镇化率（1949—2018 年）

资料来源：伟大历程 辉煌成就——庆祝中华人民共和国成立 70 周年大型成就展，北京展览馆，2019 年 11 月。

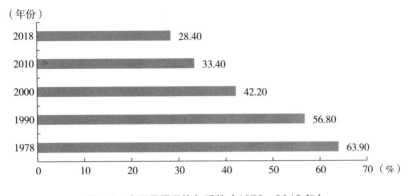

图 1.5 中国居民恩格尔系数（1978—2018 年）

资料来源：伟大历程 辉煌成就——庆祝中华人民共和国成立 70 周年大型成就展，北京展览馆，2019 年 11 月。

如图 1.6 所示，中国人均预期寿命从 1949 年的 35 岁增加到了 2018 年的 77 岁。

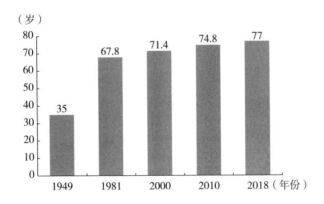

图 1.6 中国人均预期寿命（1949—2018 年）

资料来源：伟大历程 辉煌成就——庆祝中华人民共和国成立 70 周年大型成就展，北京展览馆，2019 年 11 月。

二、不同时期经济增长状况比较

依据中国共产党历次党代会通过的公报文件以及国务院颁布的政策,本书将中华人民共和国成立至今分为五个时期:一是国民经济恢复和初步建设时期(1949—1956年),二是计划经济时期(1957—1982年),三是有计划的商品经济时期(1983—1991年),四是社会主义市场经济的提出与初步发展时期(1992—2012年),五是社会主义市场经济的完善时期(2013年至今)。

1949—1977年,我国先后经历了对农业、手工业和资本主义工商业的社会主义改造。这一时期以中央高度集中的计划经济体制为主要特征,经济增长大开大合,剧烈波动。1953—1977年的25年中,有5个年份出现了较为严重的经济衰退,1961年、1962年、1967年、1968年、1976年的GDP分别同比下降27.3%、5.6%、5.7%、4.1%、1.6%(见图1.7)。

从图1.7可以看出,1953—2019年的67年时间里,中国年均GDP增速为8.4%。党的十一届三中全会标志着我国启动改革开放,以改革促开放,以开放倒逼改革。若以1978年为界,改革开放前25年的年均增速为6.5%,改革开放后42年的年均增速高达9.5%。若以计划经济时期、有计划的商品经济时期、社会主义市场经济的提出与初步发展时期和社会主义市场经济的完善时期作区间划分,则这四个时期的GDP年均增速分别为6.4%、9.7%、10.4%和7%。

第一章 中国经济增长之谜与市场化改革

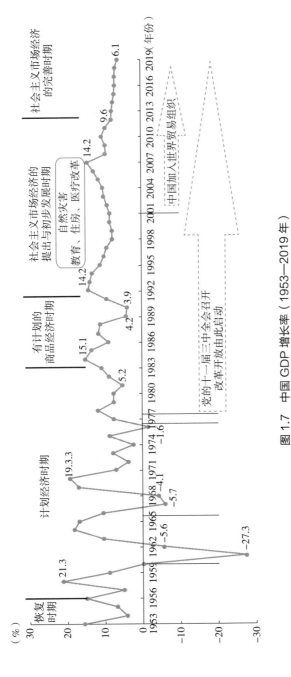

图 1.7 中国 GDP 增长率（1953—2019 年）

说明：1. 本图为作者自制；2. 1953—1978 年 GDP 增长率是用 GDP 指数（上年等于 100）计算得出，源自国家统计局网站"国家数据"栏目，网址 https://data.stats.gov.cn/easyquery.htm?cn=C01，最后访问时间 2021 年 11 月 5 日；3. 1979—2019 年 GDP 增长率是用 GDP 指数（1978 年 =100）计算得出，源自《中国统计年鉴 2020》。

1978年以来，中国以市场化为主要取向和特征的改革开放显著驱动了经济增长，在经历了20世纪90年代末期教育、住房、医疗领域的改革后，中国经济并没有出现如计划经济时期的大开大合、GDP衰退甚至负增长的情形，总体趋势依然是持续、稳定、高速增长。

三、中国经济增长的主要驱动力

中国为何可以取得如此辉煌的发展成就？究竟有无中国模式或说北京共识？如果有，那会是什么？国内外学者对此解答不同，大致可分三类观点。第一类观点认为，中国地方政府公司主义或说地方政府之间的GDP竞争驱动了中国经济增长。美国学者戴慕珍（Jean Qi）提出并高度评价"地方性国家统合主义（Local state corporatism）"，中国香港经济学家张五常强调县域之间的竞争塑造了中国经济的神话[1]。第二类观点认为，中国经济增长的谜底在于劳动力、资本等生产要素在不同部门、不同企业之间的配置效率提升。国内学者宋铮等人认为，劳动和资本在高生产率、融资约束相对较强的企业和低生产率、基本不存在融资约束的企业之间的配置调整和优化，能够定量解释1992—2007年的中国经济增长[2]。第三类观点认为，中国发展成就的主要驱动力是社会

---

[1] 林永生. 中国环境污染的经济追因与综合治理[M]. 北京：北京师范大学出版社，2016：94~96.

[2] Song, Z; StoreSletten, K; Zilibotti, F (2011). Growing like China. American Economic Review, 101 (1): 196~233.

第一章　中国经济增长之谜与市场化改革

主义市场经济,在这种经济体制和基本经济制度下,中国政府能够妥善处理政府与市场的功能边界问题,使市场在资源配置中的决定性作用和政府作用相结合。

这三类观点显然并不是非此即彼、相互替代的关系。但是为何在我国改革开放之前,地方政府之间没有开展 GDP 竞争,抑或为何资源在不同效率的企业、行业部门之间未进行调整和优化配置呢?若做进一步追溯就会发现,第三类观点更加综合全面,即主要是社会主义市场经济驱动了中国经济增长。市场化改革激活了包括各级政府、企业和行业部门在内的各个经济主体的活力,政府与市场之间良性互动,共同促进了中国经济增长。因此,本节遴选部分具有代表性的中外学者的观点,扼要地呈现他们对社会主义市场经济及其与中国经济增长之间作用机制的看法。

在国外学者方面,列举几位诺贝尔经济学奖得主的观点予以说明。

罗纳德·哈里·科斯(Ronald Harry Coase)等人在其著作《变革中国:市场经济的中国之路》中指出:"中国经济转型是国家引导的改革与草根改革共同作用的结果,而不是单靠一个全知全能的政府。如果忽视了改革的草根性,而将改革简单地定义为'自上而下'的政府推动,那便是对中国改革的一种误判。中国市场化转型能够取得成功的根本原因,正是政府逐步从经济活动中退出,而非它无处不在的政治领导……由于中国独特的文化传统和政治体制,中国的市场经济一定会保留中国特色,并会探索更多自己的特色。"[①]

[①] 罗纳德·哈里·科斯,王宁. 变革中国:市场经济的中国之路 [M]. 徐尧,李哲民,译. 北京:中信出版社,2013.

道格拉斯·诺斯（Douglass C. North）认为："中国经济改革是通过解决现实问题而不断进行的、渐进式的经济变革……中国是一个开创性的国家，在经济发展上没有什么模式可以模仿，其间克服了很多困难，取得了很大的成功。其经济改革的某些经验对西方经济学理论提出了挑战。"①

保罗·罗默（Paul M. Romer）强调，中国改革开放至今之所以能实现经济持续高速发展，正是因为中国建立了强有力的政府，"中国应该坚持走下去，并领导这种模式的发展"。②

迈克尔·斯宾塞（Michael Spence）也充分肯定了中国的经济转型，他认为，"中国已经非常熟练地实现了令人难以置信的、复杂的经济转型，即从计划经济转换到日趋市场化的经济体制。中国不仅在国内实行市场经济，而且还成功地融入了国际市场。"③

约瑟夫·斯蒂格利茨（Joseph Eugene Stiglitz）认为："中国不仅从集体经济转为市场经济，还从一个新兴经济体转型成为一个比较发达的经济体……中国成功的关键因素是坚持务实主义。"④

---

① 中国新闻网. 诺贝尔经济学奖得主道格拉斯·诺斯. 中国经济改革经验挑战经济学理论 [Z/OL]. (2007-07-10). http://www.china.com.cn/city/txt/2007-07/10/content_8501564.htm.
② 财新视听. 保罗·罗默. "开放和合作"是经济增长的关键 [Z/OL]. (2018-11-18). http://video.caixin.com/2018-11-18/101348767.html.
③ 中国科学院. 迈克尔·斯宾塞. 世界格局中的中国经济 [Z/OL]. (2005-12-15). http://www.cas.cn/zt/jzt/ltzt/zgkxyrwlt/d4dy/200512/t20051215_2670915.shtml.
④ 中国日报网. 诺贝尔经济学奖得主约瑟夫·斯蒂格利茨. 中国的成功源于务实 [Z/OL]. (2018-03-25). http://china.chinadaily.com.cn/2018-03-25/content_35912595.htm.

第一章　中国经济增长之谜与市场化改革

中国与市场社会主义：一种新的社会经济结构

2021年，三位外国学者（Elias, Alexis, Carlos）发表文章《中国与市场社会主义：一种新的社会经济结构》，专门谈及对中国社会经济结构（Socioeconomic Formation, SEF）的理解。他们明确反对把"中国模式"解读为"国家资本主义"[①]，认为中国应属于市场社会主义，换句话说，中国现阶段的市场社会主义既不是严格意义上的社会主义或者共产主义（只是社会主义初级阶段），也不是自由资本主义或者国家资本主义。故摘取本文相关内容，作为专栏。

中国的经济增长过程并非遵循所谓机械式的条件——经济活力源自那些优先保护私有产权的制度安排。在中国，政府角色至关重要。政府不仅是最后贷款人，也是一线的投资者。民营经济快速发展并不妨碍国有经济发展壮大，自20世纪90年代中后期以来，中国政府收入在国民收入中的比重不断增加，从1996年占GDP的13.5%增长到2015年的37.3%。国家控制着约30%的国民财富，远远高于资本主义黄金时代（1950—1980年）的一些西方国家。20世纪50年代至20世纪80年代，美国、德国、法国、英国等国家的政

---

① 这是多数西方学者对中国模式的一种解读方式。该文认为，国家资本主义是资本主义的发展阶段，国家在经济生活中的确起到重要作用，但私人资本始终占统治地位，并不符合中国国情。

府收入占国民总收入的比重为15%—25%，现在已降至很低了，接近于0。同时，私营部门投资份额不断下降，从2011年占总投资的34.8%下降到2016年6月的2.8%。国有企业利润同比增长率从2016年的15.2%提高到2017年的23.5%。

资本主义国家被以自发性市场关系为基础的营利性商品生产统治着，利润率决定其投资周期，并产生周期性的经济危机。但这不适用于中国，中国并非资本主义国家。在中国，生产资料公有制和国家规划体系仍占主导地位。当然，我们把中国定义为一个由政治力量领导并决定向社会主义转型的国家，并不意味着其当前的经济制度为社会主义。毛泽东将中国共产党在中国进行的革命描述为一场着眼于社会主义的反帝、反封建革命。但毛泽东从来没有说过，在处理了帝国主义和封建主义问题之后，中国人民已经"建设"了社会主义社会。他总是把这一"建设"描述为通往社会主义的漫长道路的第一阶段。马米奥尼亚（Mamigonian）在《毛泽东的马克思主义》（2008年）[1]中提到，对于一个复杂的社会形态，最好利用历史唯物主义进行剖析。用他的话来说："苏联马克思主义是对西方马克思主义的继承，列宁根据本国国情以及未成熟的世界帝国主义发展阶段对其进行了修改。不同于苏联马克思主义，毛泽东的马克思主义的特点是深切关注中国

---

[1] Mamigonian, A. 2008. "A China e o marxismo: Li Dazhao, Mao e Deng" [China and Marxism: Li Dazhao, Mao and Deng]. In Marxismo e Oriente: quando as periferias tornam-se os centros [Marxism and the Orient: When the Peripheries Become the Centers], edited by M. Del Roio, 38~75. Marília: Ícone.

命运，摆脱任何外国统治，包括共产国际，以恢复其昔日的伟大。这意味着，要恢复农民在中国社会活动中的关键作用，正如李大钊教授他的弟子们的那样。"

关注中国命运的人必须要考虑以下几个重要的历史节点。

（1）移除共产国际对中国革命的军事指挥权（1935年）。

（2）联合国民党共同抗日（1937—1945年），使得中国共产党成为民族利益的主要代表。

（3）1946—1949年国内战争期间。

（4）抗美援朝（1950—1953年）。

（5）中苏关系恶化（1960年）。

（6）中美开始交好（1972年），20世纪80年代，邓小平领导中国重新融入世界经济。

市场社会主义，是一种复杂的社会结构，即在辩证统一体中，来自不同历史时期的不同生产方式共存共生，共同融合。

中国主要存在以下5种不同的生产方式。

（1）自然生存经济（又叫自给自足经济）：这一结构尽管正在迅速瓦解，但仍然集中了生活在贫困线以下的所有人口，其中大部分为少数民族。

（2）小商品生产：其特点是面向市场的小规模（家庭）农业生产。这种方式虽然主要出现在中等城市，但在大城市的郊区也非常普遍。尽管中国在农业生产机械化方面取得了进步，但据2012年数据，约有3亿农民仍以从事小商品生产为主。

（3）私人资本主义：这种社会结构导致人们夸大或误解了其在中国经济社会的力量和作用。"20世纪90年代中后期，中国国有企业、集体企业的私有化和首次公开发行（IPO）导致大规模资本和财富比较集中"①。尽管中国的资产阶级集中了很大一部分财富，但他们不能像资本主义国家的资产阶级那样成为"统治阶级"。

（4）国家资本主义：这种结构与私人资本主义在依存关系和享受国家优惠政策方面存在明显差异，例如，它可以优先获得国有银行贷款。

（5）社会主义：这是一种可界定国家性质的社会结构。在中国，公有制经济占主体地位。例如，"与20世纪90年代末相比，国有企业和国有控股企业数量有所减少，但规模要大得多，资本和知识密集度更高，生产率更高，利润更高。与普遍的看法相反，特别是自2005年以来，国有企业和国有控股企业在效率和盈利能力方面的表现比私营企业要好，尤其是由国有控股企业组成的国有控股子部门。国资委管理的大型企业集团显然是中国领先行业的代表，也是大部分研发活动的集中地。"②

既然资本主义社会中也有大量公共部门，那么，市场社会主义与资本主义之间有何区别？市场社会主义赋予国家对

---

① Nogueira, I. 2018. "Estado e capital em uma China com classes" [State and Capital in China with Social Class]. Revista de Economia Contemporânea 22 (1): 1~23.

② Gabriele, A. 2009. "The Role of State in China's Industrial Development: A Reassessment." MPRA working paper, no. 1451.

生产资料高度的直接和间接控制权,因此,社会生产关系不同于资本主义社会中普遍存在的生产关系。也就是说,市场社会主义与资本主义制度的本质区别表现在两方面:一是在市场社会主义制度下,国家的作用在数量规模上更大,在质量上更优,从而使整个公共部门能够对国家的发展实施全面的战略控制,特别是在关键领域,如确定整个经济的积累率和技术进步的速度和方向;二是在市场社会主义制度中,尽管存在着对某些生产资料拥有控制权的资本家,但他们还不足以形成拥有统治性或是支配性权力的社会阶级。

中国经过40多年的改革开放,所积累的经济发展经验可概括为5个方面。

(1)中国社会经济结构由几种不同的生产方式组成,每种生产方式都各有特点。这些不同的生产方式在冲突中共存,相互施加压力,并相对开放地进行互惠互动。

(2)价值规律尽管是建设社会主义市场经济进程中必须自觉依据和运用的,但它并非"市场社会主义"下需要解决的最关键的问题。这种认识对我们这些担忧社会结构中经济规划局限性的人而言非常重要。因为在这种社会结构中,私人资本主义不仅存在,而且对主导结构(社会主义)施加压力。

(3)经济改革允许出现大型私营部门,并让其与先前存在的国有部门共存。受周期性制度影响,这种共存需要"经济中私营和公共部门之间持续不断的动态重组"。

(4)这两个部门之间的周期性动态重组亦有规律可循。私营部门的发展不会以牺牲国家利益为代价。

（5）人们普遍认为，危机时期与增长时期交替出现是资本主义经济发展的永恒状态。从历史来看，解决这种周期性不稳定的替代方案已经被设计出来：在资本主义，它是通过增加公共支出来实现。在社会主义，则主要是用经济计划及与其相关的工具和机制来解决。因此，在市场社会主义中，经济计划作为一种基本的经济逻辑具有正当性。

总之，书店陈列的成千上万的、关于中国的研究未曾注意到这个事实：中国正在建造初始上层建筑，来自不同历史时期的元素和机构将反复呈现。我们在此重申，中国正在推动建设的这一伟大进程，是人类文明史的有机组成部分，它不是奇迹，更不是偶然。

资料来源：Elias Jabbour, Alexis Dantas & Carlos Espíndola（2021）China and Market Socialism: A New Socioeconomic Formation, International Critical Thought, 11:1, 20-36, DOI:10.1080/21598282.2021.1886147.

国内也有许多学者持类似观点。

薛暮桥是国内最先提出中国改革应该以商品经济为目标的经济学家。1980年9月，他作为国务院体制改革办公室顾问，主持起草了《关于经济体制改革的初步意见》。这份有开创意义的官方文件的开头部分指出，"我国经济改革的原则和方向应当是，按照发展商品经济的要求，自觉运用价值规律，把单一的计划调节改为在计划指导下，充分发挥市场调节的作用。"这份文件将中国改革的目标模式确定为与商品经济相适应的体制，改革方向应当是市场取向。从20世纪70年代末到90年代中后期，他始终站在中国市场化改革的前沿①。

吴敬琏指出，在20世纪80年代初期，中国已有一些经济学家提出用什么样的经济体制来取代计划经济的旧体制的问题。到了20世纪80年代中期，随着变通性政策取得一定的成效，人们发现，仅仅依靠一些不成体系的政策来调动积极性，并不能使社会经济发生根本性变化，相反还会带来种种冲突和混乱。于是，就提出了什么是"经济体制改革的目标"这一重大问题。市场经济的目标模式虽然在1984—1992年逐渐形成，但是改革的实际推进仍然按照20世纪80年代初期的做法，以"增量改革"的方式进行。这就是说，对于计划经济原有的部分（存量部分）不做大的改变，改革和发展着重在增量部分进行。1992年中共十四大明确提出市场经济的改革目标以后，1993年11月的中共十四届三中全会通过了《关于建立社会主义市场经济体制若干问题的决定》。从此，经济改革进入了大步推进的新阶段②。

在厉以宁看来，1978年中国之所以要进行改革，主要是对前30年实行传统计划经济体制的反思。实践证明，先前的体制阻碍了生产力发展。对社会主义经济体制主动、自觉地进行改革，是一件史无前例的伟大事业，这是实事求是的唯物主义思想路线

---

① 吴敬琏. 走向市场经济的开拓者——《薛暮桥文集》序[N]. 中国经济时报，2011-07-29（004）.

② 新浪财经. 张剑荆, 吴敬琏. 市场化改革从哪里来到哪里去——专访著名经济学家、国务院发展研究中心研究员吴敬琏[Z/OL].（2008-08-31）. http://fifinance.sina.com.cn/roll/20080831/23275255846.shtml?from=wap.

的胜利,是中国共产党新的伟大觉醒①。

张卓元认为,正是由于我国在所有制结构、企业制度、市场体系、宏观经济管理、收入分配、社会保障等领域的市场化改革不断推进,社会主义市场经济体制从初步建立到不断完善、成熟,推动着我国经济长期高速发展,创造出了令世人惊叹的奇迹,而且有效顶住了2008年国际金融危机的冲击,2020年全球遭受新冠肺炎疫情大流行冲击时,成为能保持经济正增长的唯一主要经济体,充分彰显了中国特色社会主义制度、社会主义市场经济体制的巨大优越性②。

李晓西认为,1949—1978年,我国一步步地实现了以公有制为基础的计划经济体制,一步步使计划成为资源配置的主要方式,财政实行统收统支,价格由国家制定,企业由政府管理。虽然集中国力办成了一些有益于当代和后人的大事,但是失误也不少,更重要的是经济发展后劲不足,动力不足,人民生活水平提高速度很慢,与发达国家的经济差距拉大了。与此同时,基于商品等价交换和价值规律等为基础的市场化因子时隐时现、时起时伏,始终以其顽强的生命力伴随着国家的历史进程走过了一条曲折的自我成长之路③。中国从1978—2001年,经历了一个改革开放的过程,一个快速市场化的过程,一个由传统计划经济转向市

---

① 厉以宁. 一部解读中国经济40年成功秘诀的书——评郑新立同志《奇迹是如何创造的》一书[J]. 宏观经济管理, 2019(3). (另请参阅厉以宁主编的《中国道路丛书8卷》, 由商务印书馆出版)。
② 张卓元. 深刻理解"高水平社会主义市场经济体制"[N]. 经济日报, 2020-12-25.
③ 李晓西. 中国市场化进程[M]. 北京: 人民出版社, 2009: 1.

场经济的历史性转轨过程。截至 2001 年底，中国已经建立了市场经济框架，成为发展中的市场经济国家①。

林毅夫认为，20 世纪 80 年代以后，部分国家按照当时西方主流的新自由主义理念，试图以"休克疗法"推行"私有化、市场化、稳定化"，建立和发达国家一样的市场经济体制，忽视政府在经济转型和发展过程中的作用，结果是不仅原本已经建立起来的工业体系崩溃了，新的工业体系也没有建立起来，出现了去工业化的现象，致使经济停滞，危机不断。而中国能够根据自己的要素禀赋条件以及由其决定的比较优势，发挥政府在市场经济中的因势利导作用，把自己能做好的产业做大做强，将比较优势变成竞争优势，从而推动中国经济长期稳定、快速发展②。

蔡昉认为，虽然改革开放意味着学习和借鉴国际上先进的技术、管理和发展经验，中国在过去的 40 余年中也的确从各种有益的发展经验中得到启发并获益匪浅，但从未原封不动地照搬他国的模式和路径，即便是已被他国证实是有效的。中国改革开放伊始，便不曾接受任何先验的教条，也不照搬任何既有的模式或接受所谓的共识，而是服从于发展生产力、提高国力和改善民生的根本目的，坚持渐进式改革，秉持改革促进发展、发展维护稳定、边改革边分享的理念，走出了一条符合自身国情的独特的改革开放发展之路③。

---

① 李晓西. 中国市场化进程 [M]. 北京：人民出版社，2009：245~246.
② 林毅夫. 中国发展带来的几点启示 [N]. 人民日报，2019-08-13（09）.
③ 蔡昉. 新中国 70 年经济发展成就、经验与展望 [J]. 中国党政干部论坛，2019（8）.

市场经济与统一大市场

逄锦聚认为，中国经济产生奇迹的重要原因之一是在社会主义条件下发展市场经济，既发挥市场经济的长处，又发挥社会主义制度的优越性，从而打破了资本主义制度下市场经济的局限和弊端，使市场经济这种古老的人类文明成果在社会主义制度下焕发了更加旺盛的生机和活力。正确处理政府和市场关系，努力形成市场作用和政府作用有机统一、相互补充、相互协调、相互促进的格局，是社会主义市场经济的伟大创举，也为人类探索更加合理有效的经济制度做出了有益贡献①。

谢伏瞻认为，中国在改革发展的实践中始终坚持辩证法、两点论，把"看不见的手"和"看得见的手"都用好。数十年来，中国一直致力于寻找市场功能和政府行为的最佳结合点，切实把市场和政府的优势都充分发挥出来，更好地体现社会主义市场经济体制的特色和优势，努力形成市场作用和政府作用有机统一、相互补充、相互协调、相互促进的格局②。

杨瑞龙认为，中国的改革模式没有遵循"华盛顿共识"，而是根据国情走出了一条具有中国特色的市场化改革道路。这样一条渐进式的改革道路具有三个特点。一是利用已有组织资源推进改革。中国改革不是推翻原有的政治框架搞市场化，而是在既有的政治框架里推进渐进式的市场化变迁，也就是我国的市场取向改革始终是在中国共产党领导下推进的。二是增量改革。中国不

---

① 求是网.逄锦聚.破解政府和市场关系的世界性难题 [Z/OL].（2019-08-26）. http://www.qstheory.cn/wp/2019-08/26/c_1124919202.htm.
② 谢伏瞻.中国经济学的理论创新——政府与市场关系的视角 [J].经济研究，2019（9）.

第一章 中国经济增长之谜与市场化改革

是像苏联那样推倒重来的,而是在现有制度规则的基础上逐步引入市场元素,逐渐增大市场机制在资源配置中的作用,如实行价格双轨制、产权制度的边际改革等。三是先试点,后推广。在一个等级框架中,纵向下放改革优先权,取得改革试点的成功经验,然后再逐步推广,把中央顶层的改革设计和发挥地方政府及微观主体的自主改革积极性结合在一起[①]。

---

① 杨瑞龙.构建中国经济学的微观分析基础[J].经济学动态,2021(3).

第二章

市场经济中的政府功能

以亚当·斯密为代表的古典经济学和以弗里德里希·奥古斯特·冯·哈耶克（Friedrich August von Hayek）为代表的新自由主义思潮影响深远，《国富论》中那只"无形的手"和《通往奴役之路》家喻户晓。与此同时，很多人并没有全面准确理解斯密和哈耶克的经济思想，认为自由市场机制已经最具效率，不需要政府干预。实际上，市场经济并不排斥政府干预。市场经济中的政府功能主要有三：一是纠正市场失灵，二是加强宏观调控，三是优化经济治理。后疫情时代，全球各国在推动经济复苏的过程中亟待重新反思政府功能。

一、纠正市场失灵

　　对绝大多数产品和服务而言，市场机制可有效配置资源，其理论支撑为福利经济学第一定理、福利经济学第二定理和瓦尔拉斯均衡理论。通常而言，福利经济学第一定理和第二定理被用来论证市场机制的有效性，瓦尔拉斯均衡理论被用来论证市场机制的稳定性。

　　福利经济学的两条定理是经济学中最基本的结论之一，对构思设计资源配置方式有深刻的意义①。福利经济学第一定理指出,任何竞争性均衡都是帕累托效率。福利经济学第二定理认为,在一定条件下,每一帕累托有效配置均能达到竞争均衡。

瓦尔拉斯均衡理论适用于竞争性私有制经济②。在这样的经济中,每件商品都在市场上以公开给定的价格进行交易,这种交易价格不受消费者和企业行为的影响。消费者为获得最大化的福利而在市场中进行交易,企业则为获得最大化的利润而从事生产和交易。消费者的财富来自个人的商品禀赋和对企业利润的权益(股份),因而企业被认为由消费者拥有。瓦尔拉斯均衡理论认为,在这种经济中存在均衡价格,此时,企业最大化了它们的利润,消费者最大化了他们的福利,并且市场出清,也就是说,在现行市场价格上,所有的消费者和企业都能够获得满意的结果。

然而,无论在理论上还是实践中,单纯依靠市场机制配置资源有时会出现市场失灵的现象,进而需要政府采取干预措施,纠正市场失灵。表2.1给出了市场失灵的类型、影响及政府采取干预措施的例子。

表2.1 市场失灵类型

类型	影响	政府干预的例子
市场力量	高定价,低产量	立法,如竞争政策
要素非自由流动	资源无效配置	培训;改善信息流动

---

① 哈尔R.范里安.微观经济学:现代观点[M].费方域,朱保华等,译.上海:格致出版社、上海三联书店、上海人民出版社,1995:638~643.
② 安德鲁·马斯-科莱尔,迈克尔·D.温斯顿,杰里·R.格林.微观经济学[M].刘文忻,李绍荣,译.北京:中国社会科学出版社,2005:768~769.

第二章　市场经济中的政府功能

续表

类型	影响	政府干预的例子
不平等	收入分配不平等	再分配，如税收和补贴
优质品（merit goods）	供应不足	政府补贴或立法，如教育
劣质品（demerit goods）	供应过量	政府税收或立法，如烟酒
负外部性	产量过剩	税收；立法
正外部性	产量不足	补贴；立法
市场不稳定	价格波动	战略性储备项目
信息问题	不合理定价	试图改善信息流动
公共物品	无人供应	政府提供，如国防

资料来源：Andrew Gillespie, AS&A Level Economics Through Diagrams, Oxford University Press, 2009, P29.

专栏 2.1　新自由主义反对政府干预吗？

美国哈佛大学出版社近年发行了著名学者 Quinn Slobodian 的新作《全球主义者：帝国的终结与新自由主义的兴起》（2018年），Ernst-Ulrich Petersmann（2018年）和 Jacob Dlamini（2020年）两位学者又分别在学术期刊上专门为此撰写了书评，让我们有机会更全面、深入地了解新自由主义思想流派的产生、构成及其核心主张，特别是新自由主义者对政府干预的态度。

在新自由主义者看来，20世纪危机重重，出现了三大标志性的破裂，即世界大战、大萧条以及70年代新兴独立国家对更加公平国际的关系与制度的需求：第一次世界大战（以下简称一战）不仅宣告奥匈帝国（Slobodian 书中所列的多数新自由主义者都来自奥匈帝国）崩溃，也见证了那些秉持所谓金科玉律的国家的失败，进而使得全球经济面临极大的不确定性。大萧条造成世界经济严重受挫和分裂。前殖民地呼吁建立新的世界经济秩序。新自由主义者认为，它们都对现行资本主义的生存构成了威胁。Slobodian 提醒我们，对新自由主义者而言，所谓战后资本主义的"黄金时代"实际上是黑暗的时代，这一时期主要受凯恩斯主义谬见的支配，并被全球经济平等的幻想所误导。民主并不是资本主义的组成部分，而是资本主义的死敌。民主很晚才来到欧洲。直到 1945 年以后，法国和意大利才成为民主国家。1971 年，瑞士女性才获得联邦选举的投票权。从这个角度看，在欧洲的经济和政治精英中，相对普遍的观点是新自由主义者厌恶或回避民主问题，他们不过是勉强支持民主。在他们反对所谓"黑人"去殖民化的同时，实际上是用种族偏见代替了阶级偏见。对这些人而言，1947 年以后，伴随着新兴独立国家不断涌现，暴乱频发，因此，亟须把经济和政治分离，以保护私人财产不受工人阶级政治需求的影响。为此，他们需要强有力的政府保护私人财产，但又不能过于强势，权力大到可在世界任何地方没收财产。新自由主义者担忧，民主会激发社会需求，包括对公共物品和平等的需求，如果满足这些需求，就会扰乱市场的运行。

如何阻止新的全球经济危机？如何限制"自由悖论"（有些经济和政治市场，既破坏自身，又肢解世界经济）？如何通过跨国公共产品的多层级治理来保有经济福利？1938 年 8

第二章　市场经济中的政府功能

月，一群欧美人士（被外界普遍认为是自由主义者）在巴黎聚会，用了4天时间讨论如何革新自由主义。1937年，美国记者沃尔特·利普曼（Walter Lippman）发表了一篇名为《探究社会善治的原则》(*An Inquiry into the principles of the good society*)的文章。受此启发，他们自己将会议命名为"沃尔特·利普曼学术研讨会"。参会者中一位名叫 Louis Marlio 的法国实业家建议，把他们会上达成的共识和理念称为"新自由主义"。历史学者通常认为，这个理念的提出是以1947年奥地利经济学家哈耶克领衔的朝圣山学会（Mont Pelerin society）成立为标志的。Quinn Slobodian 明确指出，这是错误的，是无视历史事实的。

提到新自由主义者，人们很容易就会想到英国的撒切尔政府、美国的里根政府、智利的奥古斯托·皮诺切萨政府以及苏联垮台后的俄罗斯新自由主义者[1]。除此以外，他们大多是来自奥地利、德国和瑞士的经济学家和法学家，其主要研究领域为经济周期，即资本主义社会中市场的周期性收缩与扩张，并用统计数据预测经济绩效。他们，特别是哈耶克逐渐意识到，统计数据、政府以及任何形式的中央情报或是智慧都不能熟练精确地控制经济。新自由主义者反对计划经济的理念，无论是社会民主的，还是社会主义的，因为对他们而言，计划的数量不可能捕捉或匹配市场的复杂性。

历史学家通常认为，新自由主义者是反政府的，属于市

---

[1] *David Harvey's stature* 一书作者将里根、撒切尔都看作新自由主义的奠基人。具体可参阅：Harvey, D. 2005. Neoliberalismo: história e implicações [Neoliberalism: History and Implications].São Paulo: Loyola.

场原教旨主义者。Slobodian说,这也是错误的。他说:"如果我们过度关注市场原教旨主义,就不会注意到,新自由主义建议的真正焦点并不是市场本身,而是重新设计用于保护市场的政府、法律和其他相关制度。"实际上,不仅历史学家会犯这些错误,很多自称新自由主义者继承人的人也常忽略历史并误解其对政府的真正观点。1987年,英国首相玛格丽特·撒切尔(Marrgaret Thatcher)有句著名的俏皮话:"社会并不存在。"2007年,美联储主席艾伦·格林斯潘(Alan Greenspan)声称:"谁是美国总统并不重要,因为世界由市场的力量所统治。"新自由主义的捍卫者多自认为是反对政府干预的。然而,这是错误的。例如,所谓的撒切尔和里根革命(新自由主义者们避免使用这个词)推崇市场力量,进而由其统治世界。但这些所谓的革命从根本上讲都是政府主导的转型措施,撒切尔和里根都在各自的国家主持政府事务。要想做到放松管制,也就是撒切尔和里根这样的人士所主张的新自由主义变革,英国保守党和美国共和党都需要借助于政府。他们也确实利用了政府。只有这样,新自由主义者才能实现其目标。

  新自由主义的基本思想是,由于市场并不能而且也不可能实现自我良好运行,因此,必须设计制度和法律,以保障市场良好运行,重新调整战后的国际劳动分工秩序。在新自由主义者看来,人类行为并非仅仅受经济利益驱动。他们既不希望政府消失,也不希望政府与市场之间的边界消失,甚至并非仅仅从个体的视角看待整个世界。他们寻求的是资本主义的"集装箱",保护资本主义免遭民主引致的需求的破坏。为此，他们想创建一系列制度和法律规范，保护市场经济在正常的轨道运行。他们支持政府，关键在于如何保护国家而不是消除国家。例如，沃尔特·利普曼认为，自由主义的革新只有通过创建一系列制度才能实现，这些制度不仅能够保护市场，还能够改善人口、教育、公共工作和城镇娱乐设施。这些服务可以通过对富人征税、攫取"过剩资本"等来筹措资金。以新自由主义经济学家和法学家为主体的第一代和第二代"日内瓦学派"主张对强势政府推行的跨国贸易和投资进行更多层级的规制，以限制寻租游说，而不是主张缩减政府规模，废除规制以及自由放任。"日内瓦学派"的目的是使古典自由主义的"秩序思维"原则全球化，进而从法律上构建规制和保护基于规则的、市场驱动的、去殖民化的世界经济。WTO 就是"日内瓦学派"新自由主义思想的典型产物或说是应用范例，强调从法律和政治上构建跨国、多层次"自由制度"的超经济条件。日内瓦学派主要由经济学家（W. Röpke, von Mises, M. Heilperin, von Hayek, L. Robbins, G. Haberler, J. Tumlir）和法学家（F. Roessler, E.U. Petersmann）组成，他们要么在日内瓦讲学，要么就是在 GATT 内部一起工作。不同于"法学与经济学"领域那些以国家为重点的"芝加哥学派""弗吉尼亚学派""弗莱堡学派""科隆学派""日内瓦学派"中合作的新自由主义者更关注国际经济秩序，以此赋能福利国家并限制滥用公共和私人权力，这种思想又可称作"古典全球主义"。

　　Slobodian 还揭露了新自由主义者对待不平等问题的黑历

史，他认为，新自由主义者隐藏的并非政府，而是"权力的不对等"。这就是哈耶克既反对在南非实行种族隔离制度，也反对实行一人一票式的民主的原因。从这个意义上来看，哈耶克与他的新自由主义同人们和南非的白人自由主义者，如出一辙。他们永远都不知道，在种族隔离和"凶残黑人"之间，究竟更恨哪一个？在Slobodian看来，"去殖民化是新自由主义全球治理模式出现的关键。"20世纪60年代，全世界都避谈南非，因为它实行了种族隔离政策。Röpke成为该国种族隔离政策的拥护者之一。Röpke在其私人信件中喜欢用"食人族"这个词来形容非洲人，明确引用生物学上的种族主义来支持种族隔离。他把南非视作对抗世界经济失序的最重要的堡垒。即便哈耶克反对种族隔离，也不代表他支持用民主制度来代替少数白人统治的规则。事实上，许多杰出的新自由主义者，如米尔顿·弗里德曼（Milton Friedman）、John Davenport、Arthur Shenfield、William Hutt都曾在开普敦大学教过书，他们也都反对南非暴乱，当然还包括萨缪尔·亨廷顿（Samuel P. Huntington）。Röpke不仅否认种族隔离是压迫，还把它视作一种去殖民化和发展援助的宝贵形式，非常适合南非人民。南非白人需要种族隔离来保护他们免受成群黑人的攻击。对Röpke而言，一旦南非成为民主国家，那么，黑人数量之多，力量之大，足以颠覆经济和政治秩序。

资料来源：Quinn Slobodian, Globalists: The End of Empire and the Birth of Neolibera-lism, Cambridge: Harvard University Press, 2018; book review by Ernst-Ulrich Petersmann, Journal of International Economic Law, 2018, 21, 915~921, doi:10.1093/jiel/jgy047; Jacob Dlamini（2020）Globalists: The End of Empire and the Birth of Neoliberalism, Social History, 45: 4, 556~559, DOI:10.1080/03071022.2020.1812310.

市场经济，不是等同于完全竞争的自由市场，而是应该允许企业之间的兼并重组，允许企业在一定程度上运用市场权力进行定价。从这个意义上讲，最好把市场经济理解为企业的自由市场行为。Stephane 和 Marc（2016 年）详细地比较分析了欧盟与美国的竞争政策[①]。他们研究了欧盟竞争委员会发布的相关政策文件（2011—2015 年）后认为，欧盟过于看重竞争政策，希望所有市场都坚持反垄断，消除企业运用市场权力[②]的现象，始终相信增强竞争就能促进创新投资，包括设备、技术等。但美国并不如此，特别是 20 世纪 70 年代芝加哥经济学派的观点认为，美国并不鼓励过分反垄断，允许企业适当地运用市场权力。

二、加强宏观调控

政府干预经济的理由不止于此，除了纠正市场失灵，还可通过制定、实施宏观经济政策，熨平短期经济波动，促进长期经济

[①] Stephane Ciriani, Marc Lebourges, The role of market power in economic growth: an analysis of the differences between EU and US competition policy theory, practice and Outcomes, European Journal of Government and Economics, Volume 5, Number 1 (June 2016).

[②] 学者通常将企业可以把产品价格定于边际成本之上的现象和能力称为"市场权力"。

增长。20世纪30年代,世界上所有主要国家经济的崩溃和复苏对古典模型提出了挑战。约翰·梅纳德·凯恩斯(John Maynard Keynes)及其弟子们在截然不同的原理基础上创造了波动模型,以解释大萧条给宏观经济学理论带来的困惑。凯恩斯认为,应该主动运用经济政策,根据经济状况调整政府支出。其实,专有名词"凯恩斯经济学"就是指增加政府支出以应对经济衰退的主张。所有宏观经济学家都同意:政府购买更多商品和劳务时,经济会出现扩张,货币供给的变动在长期只对通货膨胀有影响。但政府是否应该试图进行反通胀操作,以及是通过货币政策,还是政府支出政策来操作,存在不同意见[1]。

政府对市场进行适度干预是现代国家的普遍做法[2]。比如,德国采用社会市场经济模式来处理政府与市场之间的关系。有些重要的社会目标,例如,促进平等,不能单纯依靠市场机制。德国已经形成了其独特的制度方法来调控经济运行,即社会市场经济。它是一种试图兼顾市场方法与竞争、社会保护与平等的制度安排,其主要目标一方面是通过竞争性方法去中心化,实现个体自由、选择和效率,另一方面致力于促进平等与社会保护。在社会市场经济中,经济政策可分为两大类别:一是确立并维护经济秩序(又叫制度性政策),二是影响经济过程或程序(又叫程序性政策)。程序性政策试图刺激经济增长,例如,在日复一日、年复一年甚

---

[1] 罗伯特·霍尔,约翰·泰勒.宏观经济学(第五版)[M].张帆,等,译.北京:中国人民大学出版社,2000:14~15.

[2] Franciso Candel-Sanchez., Juan Perote-Pena., 2013, A political economy model of market intervention, Public Choice, 157 (1/2): 169~181.

至更长时期的经济运行过程中试图影响资源配置,通过提供社会资本或者熨平经济周期实现。制度性政策,主要指建立产权制度、激励制度以及施加某些约束和制度条件①。

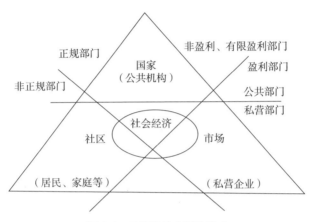

图 2.1　欧洲的社会经济模式

资料来源:Roger Spear, The social economy in Europe: trends and challenges, in Laurie Mook, Jack Quarter, Sherida Ryan, 2010, Researching the social economy, University of Toronto Press.

欧洲还有一种比较盛行的社会经济模式,其边界并不是非常清晰,而是基于国家、市场和社区之间的相对位置(见图 2.1)。图 2.1 使用三个尺度来刻画(穿过大三角形的三条线)——公共部门/私营部门,正规部门/非正规部门,非盈利、有限盈利部门/盈利部门。需要强调的是,社会经济被认为是国家、市场、

---

① Horst Siebert, 2005, The German economy: beyond the social market. Princeton University Press.

社区三者的交叉重叠，而非简单区别对待。

> **专栏 2.2　如何看待后疫情时代经济复苏时期市场经济中的政府职能？**
>
> 　　著名经济学家、美国哥伦比亚大学教授、诺贝尔经济学奖得主约瑟夫·斯蒂格里茨（Joseph Eugene Stiglitz）专门撰文谈及后新冠肺炎疫情时代经济复苏过程中的政府职能，认为政府应该积极干预经济和市场。摘引本文部分内容，成此专栏。
>
> 　　阿罗和德布鲁（1954年）设法创建了一系列条件，在这些条件下，市场可以有效"解决"各种经济问题[1]。然而，那些条件显然无法实现，市场总体表现并不尽如人意。从某种意义上来讲，政府干预明显可以提高经济（帕累托）效率。
>
> 　　过去几十年，由于政府干预不到位，使得美国卫生和经济体系在面对一场旷日持久的流行病时变得异常脆弱。后新冠肺炎疫情时代，单纯依靠市场力量无法有效促进经济增长。一是存在外部性。传染病导致价格机制无法处理外部性问题。例如，传染病患者决定继续工作或者从事其他高风险活动，则易于感染别人，而自己又不需为此支付成本。因此，最好

---

[1] Arrow, K., Debreu, G., 1954. Existence of an equilibrium for a competitive economy. Econometrica 22 (3)：265~290.

的应对措施就是征收特定行为税。这就是为什么我们有必要实施不完善的公共干预手段，如封锁、隔离等，以阻止疾病的传播。还有一些措施如带薪病假，也可减少这种具有负外部性的行为方式。不幸的是，美国很多大公司反对这种措施，导致大部分员工没有带薪病假。还有一种外部性与宏观经济状况有关。一家公司的破产会影响其他公司，而拯救一家公司也会带来社会效益。二是缺乏风险市场。如果有完善的保险市场体系，个人和企业将能够购买针对疾病破坏及其经济后果的保险。在美国和其他国家，许多企业认为自己已经购买了保险来应对企业破产。企业每年支付数千美元的保费，以防范类似事件的发生。但事实证明这是徒劳的，因为保险公司声称，因新冠肺炎疫情防控而采取的封锁措施造成的企业业务中断不属于保险赔偿范围。缺乏良好的保险市场秩序也会对宏观经济产生重大影响，因为这会导致家庭和企业采取强烈的预防措施，从而降低总需求。因此，2019年新冠肺炎疫情揭示了"市场失灵""不完美风险市场"以及相关市场失灵的重要性——强制执行合同的种种困难，包括那些因语言模糊而产生的困难。三是对企业预防灾害性支出的补偿。与风险相关的最后一个重要因素是，需要补偿企业从事的灾害预防性活动支出。主要是建立口罩、防护装备、通风机等应急物品库，这些活动只有在异常的不可抗力事件中才会有价值，但事实上根本就不存在这种为10至20年才可能发生一次的事件的补偿。显然，这应该属于公共职责。

　　因此，美国应该汲取教训。第一个教训是，政府必须介入解决市场失灵问题,如外部性问题。Arrow(1962年)[①]和Stiglitz(1987年)[②]都解释了为何市场机制在引导创新资源分配方面的效率很低。过去半个世纪,经济快速增长的国家,包括东亚国家,通常比那些经济没有增长的国家,能够更好地应对市场失灵问题。第二个教训是,政府对市场发展的整体支持极为重要。如果没有强有力的政府干预,很难确定哪个经济体取得了成功。19世纪和20世纪初的美国经济增长以及第二次世界大战(以下简称二战)结束以来东亚和中国经济的快速增长都是如此。在19世纪,美国是一个农业经济体,政府支持农业技术推广服务,以提高农业生产率,并为全国农民带去先进的农业生产技术。大萧条后,是政府推动了美国从农业经济向制造业经济的结构转型。二战期间的巨额开支也促进了美国经济的转型。二战期间以及德怀特·戴维·艾森豪威尔(Dwight David Eisenhower)执政期间的巨额研究支出,特别是美国对研究型大学的支持,有助于美国在许多领域占据技术领先地位。美国生活水平的提高源于公共资助的基础研究,私营部门本身不会提供足够的支持。政府在"东亚奇迹"中也发挥了重要作用。对于成功的东亚经济体来说,关键不在于占领技术前沿,而在于从其他地方

[①] Arrow, K., 1962. The economic implications of learning by doing. Rev. Econ. Stud. 29 (3): 155~173.

[②] Stiglitz, J.E., 1987. On the microeconomics of technical progress. In: Katz, J.M. (Ed.), Tech-neology Generation in Latin American Manufacturing Industries. St. Martin's Press, New York: 56~77.

第二章 市场经济中的政府功能

引进知识并迎头赶上。单靠市场无法实现这一目标。玛丽安娜·马祖卡托（Mariana Mazzucato）在她的著作《创业型国家》（*The Entrepreneurial State*）[1]中，强调了政府在促进创新方面的作用。这是我们应该从成功经济体中吸取的教训之一——只有通过国家行动，才能克服（部分）市场失灵，实现持续增长。

经济学家对政府在市场经济中的作用做出的具体假设往往是错误的。许多参与决策的经济学家对市场解决问题的能力过于自信。他们不仅注意到了外部因素和不完善的保险市场，而且能够认识到大型风险必须社会化（由社会来兜底），因为没有一家保险公司能够承受这些风险。然而，当涉及政府政策时，许多经济学家往往忘记了这些事实，开始夸大市场的优点。一些人认为，即使市场无法解决所有问题，但依赖市场总比求助政府好。当然，很明显，政府并不总是有效的。任何曾在美国生活或目睹过唐纳德·特朗普（Donald Trump）执政的人都理解政府失灵的概念。然而，如果我们放眼全球，成功的国家一般都有成功的政府。例如，新西兰在遏制新冠肺炎疫情方面做了出色的工作，其基础是人民对政府的信心、对科学的信任以及社会的团结。所以，我们要努力在公共部门和私营部门创建更好的制度。一般来说，经济学家受亚当·斯密迷惑，误认为他是自由市场的倡导者。

---

[1] Mazzucato, M., 2013. The Entrepreneurial State: Debunking Public vs. Private Sector Myths. Anthem Press, London, UK.

> 但在《国富论》①一书中,斯密用一页又一页的内容讨论了政府确保市场运作的必要性。他的"看不见的手"只是这本书的一小部分。他不仅对市场在效率上的失灵问题非常敏感,而且对市场在防范剥削方面的不足也非常敏感。斯密认为,需要由政府来阻止对工人和消费者的剥削。政府在提供教育方面也发挥着重要作用。
>
> 资料来源:Joseph E. Stiglitz, The proper role of government in the market economy: The case of the post-COVID recovery, Journal of Government and Economics 1(2021)100004, https://doi.org/10.1016/j.jge.2021.100004.

三、优化经济治理

政府对市场的干预,不仅出于对纠正市场失灵和加强宏观调控的考量,还源自治理的需求。

经济学家的重要使命之一就是为决策者列出可供采纳实施的政策或政策组合,进而能持续稳定地促进经济增长。所谓的"华盛顿共识"就属于这类政策。自由市场与政府干预,是经济学发展史上的长久话题。按照亚当·斯密的理论,经济自由是经济增长的关键,"看不见的手"将引导人们在与他人平等交易和竞争中获取最大的利益。1776年以来,虽然经历过凯恩斯主义和计划经济,但经济自由理念已经深入经济学和西方主流社会中,这

---

① Smith Adam., 1776. An Inquiry into the Nature and Causes of the Wealth of Nations. Oxford University Press, Oxford.

也是由美国学者约翰·威廉姆森（John Williamson）提出的、新自由主义所倡导的"华盛顿共识"的主要内容[①]。1989年，威廉姆森首次提出了"华盛顿共识"这个概念，并将其界定为"决策者与学术界围绕哪些改革举措能够持续促进经济增长所达成的一种广泛共识"[②]。华盛顿共识的基本原则是由以下8类政策组成。

（1）稳定可持续的财政与货币政策。
（2）取消政府补贴类的公共支出。
（3）税收改革。
（4）利率和汇率市场化。
（5）贸易和外国直接投资自由化。
（6）私有化。
（7）放松管制。
（8）保护知识产权。

然而，自20世纪90年代以来，"华盛顿共识"受到很多挑

---

① 项卫星，李宏瑾，徐爽．危机后对"华盛顿共识"和"北京共识"的思考——关于经济自由与经济增长的经验分析[J]．世界经济研究，2010（12）．
② Williamson, John, 1989. What Washington Means by Policy Reform. In: Williamson, John (Ed.), Latin American readjustment: How much has happened. Peterson Institute for International Economics, Washington D.C., pp. 90~120; Williamson, John, 1993. Democracy and the "Washington consensus." World Development 21: 1329~1336.

战，这个概念似乎已经过时了①。东欧转轨经济国家"休克疗法"的失败、亚洲金融危机中以 IMF（国际货币基金组织）为代表的国际金融机构政策上的失误和"反全球化运动"的兴起，都使人们对"华盛顿共识"产生了怀疑。丹尼·罗德里克（Dani Rodrik）（2006 年）指出②，"可以说没有人再相信'华盛顿共识'了。眼下争论的焦点并非在于'华盛顿共识'是死是活，而是用什么取代它。"目前，全球已经产生了诸如拥有社会民主主义传统的"欧洲价值观"和以斯蒂格利茨为代表的，更关注贫困、收入分配和环境可持续增长的"后华盛顿共识"③。威廉·伊斯特利（William Easterly）（2019 年）认为，人们之所以对"华盛顿共识"不再抱有幻想，主要源于两方面因素。一是撒哈拉以南非洲和拉丁美洲于 20 世纪 80 年代和 20 世纪 90 年代实施类似改革之后经济绩效很不理想。二是大量已发表的论文揭示出贸易自由化改革与经济增长之间的关系并不显著④。罗德里克（2006 年）又给出了一个原因，"至少在那些'华盛顿共识'的批评者看来，改革

---

① Kevin B. Grier, Robin M. Grier, 2021. The Washington consensus works: Causal effects of reform, 1970—2015. Journal of Comparative Economics 49: 59~72; Estevadeordal, Antoni, Taylor, Alan M., 2013. Is the Washington consensus dead? Growth, openness, and the great liberalization, 1970s—2000s. Review of Economics and Statistics 95: 1669~1690.

② Rodrik, Dani, 2006. Goodbye Washington consensus, hello Washington confusion? A review of the World Bank's economic growth in the 1990s: learning from a decade of reform. Journal of Economic Literature 44: 973~987.

③ 约翰·威廉姆森. 华盛顿共识的争论 [J]. 公共经济评论，2004（10）.

④ Easterly, William, 2019. In search of reforms for growth: new stylized facts on policy and growth outcomes. Working Paper No. 26318. NBER.

议程的最终目标显然是要从意识形态上在发展中国家植入'新自由主义'或'市场原教旨主义'"。

2008年美国次贷危机爆发以后,西方发达国家开始强调过度依赖市场导向的全球化的风险,并呼吁对世界金融体系实行更为严格的监管。众多发展中国家人士赞同巴西前总统卢拉的观点:本轮危机应该归咎于蓝眼睛的白种人。如果说全球金融危机是对某些发展模式的审判,那将是以小政府、低税收、放松管制和私有产权为特征的自由市场或新自由主义模式。几乎没有发展中国家认为自己完全采纳了这一模式。事实上,发展中国家在本次危机出现之前就一直在疏远新自由主义模式。20世纪90年代末,东亚与拉美地区的金融危机促使发展中国家纷纷抛弃了与"华盛顿共识"有关的理念,尤其是单纯依赖外国资本的理念。截至2008年,大部分新兴市场国家通过积累巨额外汇储备和严格监管银行系统来降低它们在国外金融市场上的风险。这些政策为缓解全球经济波动提供了有效的缓冲,其正确性已被事实佐证——新兴经济体在危机之后出现了强劲的反弹,其经济增长率比发达国家更高[①]。

关于新自由主义思潮[②]和"华盛顿共识"有效性的争论仍在继

---

① 南希·伯索尔,弗朗西斯·福山. 后华盛顿共识:次贷危机之后的发展[J]. 陈雄兵,张甜迪,译. 经济社会体制比较,2011(4).
② Ernst-Ulrich Petersmann, 2018, BOOK REVIEW: Globalists: The end of empire and the birth of Neoliberalism. By Quinn Slobodian, Cambridge: Harvard University Press, 2018. ISBN 9780674979529, 381pp. Journal of international economic law 21: 915~921.

续①。威廉姆森（2004年）进一步指出，"华盛顿共识"针对的是已建立市场经济但仍存在严重扭曲的发展中国家，而不是那些市场经济体系完全缺失的转轨国家，IMF在印尼等国的政策失误也与其不够了解这些国家腐败的政治环境有关。至于"反全球化运动"，只是几百年来保护主义的再现，根本无法撼动自由主义②。

20世纪90年代中期以来，治理逐渐成为发展政策与实践的焦点之一。治理，属于所谓的"后华盛顿共识"，即把治理改革视为市场社会创建的组成部分。从学术上来讲，治理这个概念的出现，很大程度上可归功于社会科学领域中的制度学派。就政策领域而言，所谓的新制度经济学强调制度和治理，与世界银行所重视的治理息息相关。治理，日益成为新自由主义发展实践的救命稻草，新自由主义发展实践因"市场原教旨主义"结构改革政策的失灵而经受危机。有学者认为，在发展领域引入治理，标志着主要基于市场的"华盛顿共识"转向了主要基于制度的"后华盛顿共识"。前世界银行首席经济学家约瑟夫·斯蒂格利茨曾说，"'华盛顿共识'所倡导的政策是不完整的，并且有时候还颇具误导性。让市场有效运行不仅需要低通胀，还需要正确的金融规制、竞争政策、促进技术转移政策以及鼓励透明的政策，还要列出一些被'华盛顿共识'忽略的基本问题。"斯蒂格利茨以及其他许多学者都强调要关注治理，因为制度已经成为建设或进一步深化完善市场体系的必要补充。因而，具体的制度框架是纠正市场失灵

---

① Kevin B. Grier, Robin M. Grier, 2021, The Washington consensus works: Causal effects of reform, 1970—2015, Journal of Comparative Economics, 49: 59~72.

② 贾格迪什·巴格沃蒂. 扒去保护主义者的画皮 [J]. 财经，2010（15）.

的必然要求[①]。世界银行认为,"所谓良好治理,通常指旨在让市场更有效的国家制度供给的能力。"因而,良好治理试图提高公共行政和金融管理的效率,推进法治以及对公司行为的监管,包括竞争法、反垄断监督、独立采购程序以及公共服务与供应外包等[②]。

四、辩证看待政府与市场之间的关系

无论是理论逻辑还是历史逻辑,政府与市场关系的边界都处在不断变动之中。实现政府与市场之间的完美组合与微妙平衡,一直是人类在经济制度建构上孜孜以求的目标。"放任"与"统制",构成政府与市场关系完整谱系的两极。从斯密的"守夜人"式的小政府,到"从摇篮到坟墓"无所不包的"父爱主义"的大政府,人类沿着这一谱系进行了全方位的探索。历史钟摆也随着社会语境的变化在这个谱系上来回运动。在思想谱系的一极,秉持"自由放任主义"观点的学者认为,市场机制是调节经济运行最有效的手段,因此,小政府就是好政府,只要市场能解决的问题,就不需要政府干预。政府的作用仅限于处理那些市场无法做好,但对社会而言又不可或缺的事情。斯密的"守夜人"政府是这种观点的典型代表。在思想谱系的另一极,赞同中央计划经济的学者

---

① Reeve T, Bull.,2015, Market corrective rulemaking: drawing on EU insights to rationalize U.S. regulation, Administrative Law Review, 67(4): 629~684.
② Wil Hout., 2010, Governance and development: changing EU policies, Third World Quarterly, 31(1): 1~2. Governance, Development and the South: Contesting EU Policies.

则认为，市场机制在公平和效率两方面都存在严重弊端，导致收入分配不公，经济危机频发。代表国家利益的政府应当取代市场机制来配置资源，以维护社会公正，保障全民的根本利益。传统计划经济学派是这一观点的主要代表。处在思想谱系两极之间的，则是更加丰富多彩的观点，大体可分为三类①。

第一类观点虽不认同政府越小越好，但仍信奉新古典教条，相信市场机制可以在资源配置中发挥主导作用。米尔顿·弗里德曼和科斯的观点比较典型。弗里德曼认为，应把政府定位为市场竞争规则的制定者和维护者，只要确立了清晰且公平的市场规则，自由市场经济就能有效配置资源，直至实现帕累托最优。科斯和诺斯等新制度经济学家则强调政府主要职责应集中于界定和保护产权，因为有效的产权制度是市场交易顺利开展的前提，也是一国经济长期增长的根本所在。

第二类观点高度重视市场失灵现象，强调政府必须在经济运行中有所作为。在经历了大萧条之后，凯恩斯发现，如果任由市场机制自发调节，则可能导致经济陷入长期衰退；政府必须承担起管理宏观经济的职能。保罗·萨缪尔森（Paul A. Samuelson）则进一步指出，即便市场经济高度成熟，也会存在微观无效率、宏观不稳定和分配不公等市场失灵现象，政府必须出手干预，克服市场失灵。

第三类观点认为政府的作用不应局限于弥补市场失灵，有为

---

① 谢伏瞻.中国经济学的理论创新——政府与市场关系的视角[J].经济研究.2019（9）.

第二章 市场经济中的政府功能

政府可以增进市场功能。曼瑟尔·奥尔森（Mancur Lloyd Olson）的"强化市场型政府"强调政府应成为市场运行的前提与保障。青木昌彦的"市场增进型政府"则认为政府、市场与民间组织的互动可以形成更有效率的资源配置机制。马祖卡托的"企业家型政府"则认为可以发挥政府塑造和创造市场的功能，在创新活动中发挥引领作用。

政府与市场之间并非零和关系。在某些领域，需要约束政府权力，但在其他一些领域又需要强化国家责任，增强政府权力和削减政府权力并存。新自由主义的问题在于，没有从不同维度去认识政府并将其和经济发展联系到一起。不应该学习 IMF 的所谓市场原教旨主义。IMF 到处主张要财政紧缩。然而，面对不同的问题，解决方法却都一成不变。IMF 旨在全球各处安置同一种资本主义类型。考虑到各个国家和地区因不同的历史背景，不同的现实条件，而形成的独特的政策，IMF 的目标就难免不切实际。通常认为，现代国家在应对有组织的暴力行为方面具有绝对垄断力量。但目前的世界，国家已经不再具有垄断力了。政府在应对大规模杀伤性武器方面逐渐失控。数百万人民生活于半混乱状态甚至是无政府状态，例如：非洲大部分地区；阿富汗和巴基斯坦；拉美部分国家，如哥伦比亚和海地；甚至包括部分欧洲地区，如波斯尼亚、科索沃、车臣和阿尔巴尼亚。因此，需要在乌托邦式的全球自由市场和新型国家民族主义之间找到另一条途径[1]。

---

[1] Heinz Theisen, The European values and the social market economy, in Sami Adwan, Armin G. Wildfeuer., 2011, Participation and reconciliation: preconditions of justice, Verlag Barbara Budrich.

第三章

GATT/WTO 框架下的市场经济地位问题

市场经济地位问题,主要源自关税及贸易总协定(General Agreement on Tariffs and Trade, GATT)/世界贸易组织(World Trade Organization, WTO)框架,GATT/WTO 成员对进口自某特定国家的产品发起反倾销或反补贴调查,以便确定价格可比性,从而计算被调查国产品的倾销或补贴额度。GATT 早期缔约国主要是传统的西方自由市场经济国家,这些国家对经济自由化、市场经济、法治等概念的理解和认识基本一致,因此,早期 GATT 没有提及市场经济地位问题。20 世纪 50 年代以来,一些国家陆续申请加入 GATT/WTO,这些国家大多属于苏联社会主义阵营的中央计划经济体或转轨经济体,此外,还包括日本、沙特等国家。GATT/WTO 对此持开放态度,并未因新申请国的经济体制与初始缔约国差异较大而从根本上修改 GATT/WTO 现行协定,只是通过与这些申请国逐一进行谈判,并在其《加入议定书》中以附加约束条件的形式吸纳新会员。这种做法既保持了 GATT/WTO 的开放性,又解决了成员国经济体制的异质性问题。1986 年,中国正式申请恢复 GATT 初始缔约国地位,历经 15 年的艰辛磋商和谈判,于 2001 年加入 WTO。《中国加入世贸组织议定书》(以下简称《中国加入议定书》)第 15 条首次提及市场经济地位问题。从GATT/WTO成员方发起的历次反倾销和反补贴调查实践来看，众多成员国国内法中关于"市场经济国家"的界定标准并不一致，由此出现了不同成员国对同一国家的市场经济地位认定不一致的现象。迄今，已有80多个国家承认了中国的市场经济地位①，但美国、欧盟和日本仍不承认。

一、GATT/WTO及其针对计划经济体的反倾销调查

从《哈瓦那宪章》②的起草历史及GATT早期运行的过程来看，GATT主要是一种基于市场的制度安排，它由市场经济体设计，为市场经济体服务③。

20世纪30年代，很多国家实施自利性政策，如进口数量限制、禁止性关税、本币汇率操纵以及频繁改变进口管制等，严重影响了国际贸易和世界经济。此外，二战期间，很多原先以私营企业为主的国家采取了必要的、严格控制进出口的政策措施，导致国有贸易规模快速膨胀。基于此，美国在1946年第一届联合国

---

① 北京师范大学经济与资源管理研究所. 2003中国市场经济发展报告[M].北京：知识产权出版社，2021：12.
② 《哈瓦那宪章》曾是国际贸易组织（International Trade Organization, ITO）的法律基础。
③ Alexander Polouektov, "The Non-Market Economy" Issue In International Trade In The Context of WTO Accessions, United Nations Conference on Trade and Development, UNCTAD/DITC/TNCD/MISC.20, 9 October, 2002.

第三章 GATT/WTO 框架下的市场经济地位问题

经社理事会上提出了一份《国际贸易组织宪章建议》(以下简称《ITO 宪章建议》),旨在处理这些阻碍国际贸易的因素,包括国有贸易。这份《ITO 宪章建议》最初是为 ITO 筹备委员会的早期工作准备的,在 1948 年最终成为《哈瓦那宪章》的草案。在联合国首届经济及社会理事会上,苏联支持建立 ITO。所以当时外界普遍认为,苏联会加入《哈瓦那宪章》起草的相关谈判和磋商工作。《ITO 宪章建议》中关于国有贸易的部分最初包括三条内容,其中一条的名称就是"进口贸易完全由政府垄断情形下的贸易扩张",要求国营贸易国家(State Trading Countries, STCs)应该与其他成员国进行磋商,并"承诺特定时期从其他成员国进口一定金额的产品,不少于商定数额"[①]。这种方式和条件并不新颖,1935 年美国与苏联的双边贸易协定中就包含类似条款,当时规定,要想获取最惠国待遇,苏联必须每年从美国进口价值不少于 3 000 万美元的货物[②]。1927 年拉脱维亚与苏联的贸易协定中也有类似条款。然而出于政治因素,苏联逐渐退出 ITO 筹备委员会的工作,对 GATT 的相关谈判也不再感兴趣,该条内容也就从后来的 GATT 中删除了。ITO 筹备委员会在早期磋商过程中普遍认为,"混合经济"很大程度上仅是战后的一个过渡阶段,应当适度缩小"混合经济"中的国有贸易规模。GATT 最后只保留了一条相关内容,也就是第 17 条,要求国有贸易企业必须遵守普遍

[①] "Report of the First Session of the Preparatory Committee of the United Nations Conference on Trade and Employment", London, 1946: 59.

[②] "The Prospects of Soviet-American Trade Relations", Bulletin No. 39 of the Institute of International Finance of New York University, August 27, 1945.

的非歧视原则。所以，GATT 主体部分并未包括任何专门处理中央计划经济体制问题的法律条款[①]。

在 1954—1955 年的 GATT 审查评估会上，捷克斯洛伐克代表提议，需要修正 GATT 第 6 条的第 1（b）自然段，以解决如下问题：若一国的对外贸易由国家垄断，如何对其建立可比价格？当时 GATT 成员国并未修正第 6 条，但同意对这种情形作出解释性说明。这份解释性说明只是一份事实陈述，并没有明确指出调查当局应当采取哪些行动来应对中央计划经济体的倾销问题。在实践中，这个问题由各国相关管理机构来裁决。

制度多样性一直是全球贸易体系乃至世界经济发展的驱动力。鼓励各国依据各自国情，自主选择适合本国发展的制度模式，鼓励制度实验和创新，这也是包容性发展的应有之义。市场资本主义也包括多种模式，如美国的自由市场资本主义、德国的社会市场经济、法国的统制经济、斯堪的纳维亚的社会民主、英国的战后混合经济，等等。但在国际贸易中，由于各国制度存在差异，不可避免会引发贸易摩擦。为促进自由和公平贸易，GATT/WTO 一直采取的行之有效的方式就是通过上诉和争端解决机制（Dispute Settlement Mechanism, DSM）形成缓冲，最终妥善处理贸易摩擦。例如，反倾销、反补贴等贸易救济措施客观上起到

[①] 更多关于 GATT 历史起源问题的详细讨论，可参阅：Jackson, Op.cit.; Karin Kock, "International Trade Policy and the GATT, 1947—1967", Almquist & Wiksell, Stockholm, 1969; Kenneth W. Dam, "The GATT: Law and International Economic Organization", University of Chicago Press, 1970.

了缓冲剂的作用①。为保护成员国的国内产业免受国外进口冲击，GATT/WTO 允许成员国在符合其相关协定的前提下适度运用贸易救济措施，对受损害产业产品的出口国发起反倾销或反补贴调查。据 WTO 统计，1995—2017 年，有 62 个国家和地区发起了 5 531 例反倾销调查，相当于每年 240 例，共采取了 3 602 项反倾销措施②。

美国于 1960 年启动了第一例针对中央计划经济体的反倾销调查（从捷克斯洛伐克进口自行车），欧洲共同体（以下简称欧共体）1968 年形成了第一份反倾销法律③。GATT 东京回合谈判期间，与会人员在起草 1979 年反倾销行为规范时认识到，如果在此规范下运用反倾销措施，那么发达国家就必须"特别对待"发展中国家的特殊情形④。因此，GATT 反倾销实践委员会在考虑应用和解释 1979 年反倾销行为规范时，对发展中国家做了如下决定。

---

① Andrew Lang, Heterodox markets and "market distortions" in the global trading system, Journal of International Economic Law, Volume 22, Issue 4, December 2019, Pages 677~719, https://doi.org/10.1093/jiel/jgz042.

② Dang Luu Hai (2020), Price Effects of the United States (US) Antidumping Investigations in a Non-Market Economy Case: Vietnam's Shrimp Exports to the US. The International Trade Journal, 34:2, 179~200, DOI:10.1080/08853908.2019.1679686.

③ Gary Horlick and Shannon Shuman, "Nonmarket Economy Trade and U.S. Antidumping/Countervailing Duty Laws" in The International Lawyer, Vol. 18, No. 4, Fall 1984: 808.

④ "Report of the Working Party on Acceptance of the Anti-Dumping Code adopted on 21 November 1975", BISD, 26S/184.

由于本国（发展中国家）经济条件影响价格，所以应该提前考虑到这些情形，也就是这些价格并不能作为计算倾销幅度的真实依据。此时便可通过多种方式来确定正常价值，比如，把该国出口价格与出口到任何第三国的同类产品价格相比较，或者用该国出口产品的生产成本加上合理数量的管理、销售及其他相关成本衡量正常价值。[①]

GATT 乌拉圭回合谈判达成的《反倾销协定》保留了上述关于"特别对待"发展中国家的内容[②]。但在实践中，这部分内容应用范围有限，效果不太理想，基本形同虚设。从 WTO 对反倾销实践的定期审查通知来看，至少在正常价值决定方面，对待发展中国家与对待发达国家的方式完全相同。当时其他发展中国家对此并没有提出什么反对意见，所以，在 20 世纪 70 年代，关于发展中国家价格可比性的问题基本得以解决。

二、GATT/ WTO 通过《加入议定书》要求新成员履行附加义务

GATT 早期缔约方多为西方发达国家，主要成员国之间的经济体制基本相同——自由市场经济。但自 20 世纪 50 年代开始，

---

① ADP/2, Decisions of 5 May 1980, 27S/16, 17.
② Agreement on Implementation of Article VI of the General Agreement on Tariffs and Trade 1994, Article 15 ("The Results of the Uruguay Round of Multilateral Trade Negotiations", Geneva, 1994).

第三章　GATT/WTO框架下的市场经济地位问题

随着以中央计划经济体制为主要特征的中东欧国家陆续申请加入GATT，GATT成员的异质性问题[①]逐渐凸显。考虑到早期成员国的经济规模相对较小，预期不会对主要成员国以及全球贸易体系造成冲击，因此，GATT在保持原有框架协定不变的基础上，主要以与新成员签订《加入议定书》的形式对其附加约束条件，从而既妥善处理了成员异质性问题，又实现了国际贸易组织的进一步扩容。

美国钢铁工业协会曾在一次新闻发布会上表明立场：

> 我们支持俄罗斯、乌克兰和其他非市场经济体（如中国）加入WTO。然而，这种加入必须要基于非歧视和商业可行条款……我们也支持在俄罗斯、中国及其他非市场经济体加入WTO议定书草案中加入相关内容，明确澄清，WTO现有成员，包括北美自由贸易区（NAFTA）国家，对于从非市场经济国家进口的倾销产品可以继续使用现行的非市场经济反倾销规则，直到这些国家转型成为完全开放的市场。[②]

相关法律条款有助于更好地理解《加入议定书》的功能。GATT第33条内容如下：

---

① 也可以说是制度多样化问题。不过，制度多样化对于包括GATT/WTO在内的国际组织而言，究竟算是一种问题和负面因素，还是正面的积极因素，未有定论。
② "AISI Public Policy – International Trade: North America's Steel Trade Problem with Former East Bloc and Other Nonmarket Economy (NME) Countries", 6 July 2000, pp. 2~3, Internet website: http://www.steel.org/policy2/trade/x-nme.htm.

非本协定缔约方的政府，或代表在对外商业关系和本协定规定的其他事项上拥有完全自主权的单独关税区行事的政府，可代表其自身或代表该关税区加入本协定，根据该政府与缔约方之间商定条款。缔约国根据本条款做出的决定应以 2/3 的多数做出。

《关于建立 WTO 的协定》第 12 条几乎一字不差地转载了这一规定：

在处理对外商业关系和本协定及多边贸易协定规定的其他事项方面拥有充分自主权的任何国家或单独关税区，均可根据其与 WTO 商定条款加入本协定。这种加入应适用于本协定及其所附的多边贸易协定。

所谓"商定条款"，主要是指新成员国签署的减让表，其中明确列出了各成员国在 GATT/ WTO 谈判中商定的具体关税减让和相关承诺。由此开始出现了 GATT 的附加义务，也就是说，那些希望加入 GATT 而又有可能违背自由市场经济理念的国家（当时主要指 STCs）必须承担有关义务，即承诺进口明确规定的贸易量。到了 20 世纪 90 年代，GATT 附加义务的内容进一步扩大，涵盖各种问题。

鉴于 GATT 主要源自市场经济国家，故其最初并未提及 STCs 的问题，只在第 17 条谈到了国营贸易企业（State Trading Enterprise，STEs）的运行规则。直到 20 世纪 50 年代初捷克斯洛伐克（GATT 原始缔约国之一）成为非市场经济体之后，STCs 问

第三章 GATT/WTO 框架下的市场经济地位问题

题才首次出现于 GATT 之中。最后的解决方法是,应捷克斯洛伐克的请求,修改 GATT 的一项规则,即在 GATT 的第 6 条中增加了一项解释性说明,以处理当贸易由国家垄断经营时反倾销和反补贴调查中如何确定可比价格的问题。1959 年,波兰成为第一个申请全面加入 GATT 的社会主义国家,此时的解决办法是不再修改 GATT 现行规则,而是利用《加入议定书》(1967 年)要求波兰履行附加义务。GATT 后来对南斯拉夫(1966 年)、罗马尼亚(1971 年)和匈牙利(1973 年)的申请也采取了同样的方法[①],分别签署伴有明确附加义务的《加入议定书》[②]。

1967 年,波兰成为 GATT 正式缔约国的第一个中央计划经济体[③]。在谈判过程中建立的"波兰先例"具有特别指导意义。波兰的先例,不仅开启了中央计划经济体加入 GATT 的模式,而且借助 GATT 一般规则的例外条款,还提供了一套由多边界定的补充要求。GATT 初始缔约方认为,这些补充要求将保证他们与波兰方面实现真正互惠。换言之,《波兰加入议定书》中的附加义

---

① Reuland, James M. (1975) "GATT and State-Trading Countries", Journal of World Trade Law, 9: 318~333; Grzybowki, Kazimierz (1977) "East-West Trade Regulations in the United States: The 1974 Trade Act, Title IV", Journal of World Trade Law, 11: 506~525.

② 南斯拉夫是加入 GATT 的第一个社会主义国家(1966 年),但其加入时是被视作市场经济国家而不是非市场经济国家。

③ 严格地说,这种说法并不完全准确。捷克斯洛伐克参加了筹备委员会的审议,并成为关贸总协定的创始缔约国。1948 年,新的共产主义政府决定批准《总协定》,事实上,这是其在国际领域采取的首批措施之一。在此之前,他们已经开始准备实行完全的进口垄断。有趣的是,这并没有显著影响捷克斯洛伐克加入 GATT 的条件。

务很可能被视为一套针对非市场经济体"极端"情形的特定安排。《波兰加入议定书》的主要附加义务如下：

（1）波兰承诺对GATT初始缔约方的进口总额每年增加不少于7%。

（2）如果某缔约方境内从波兰进口的产品突然增加，对其国内生产商造成严重影响，该缔约方经协商后可自由限制从波兰的进口，限制的范围和时间依据防止或补救损害的需求而定。

（3）适用不符合GATT第13条数量限制的缔约方可以继续实施这些限制，条件是这些限制中的歧视性因素（a）不增加，（b）逐步放宽。终止实施此类限制的日期将在进一步协商中确定。

（4）波兰保留其对GATT第15条第6款的立场，该款规定了非国际货币基金组织成员的缔约方在外汇交易事项上应满足的条件。

（5）与会者重申了GATT第6条注释2和第1款关于从STCs进口的全部相关内容。此外还确定，对于从波兰进口产品的正常价值，缔约方可以按照其国内市场对相同产品普遍适用的价格，或者，可以基于源自另一个国家的类似产品的价格确定该产品的价值[①]。

GATT每年都审查《波兰加入议定书》实施情况。自其加入GATT之后10年的实施情况来看，波兰从GATT成员国的进口额逐渐超过其出口额。1972年，波兰国际收支失衡问题已现端

[①] For Poland's terms of Accession to GATT, see BISD, 15S/46, 109.

倪，这种失衡显然与其在《加入议定书》作出的进口承诺有关，一方面承诺进口逐渐增加，但另一方面未明确规定其相应的出口增长。直到 1995 年波兰签署 WTO 的《加入议定书》，成为 WTO 初始缔约成员国，这种情况才逐渐改善[①]。

罗马尼亚在申请加入 GATT 的过程中，从波兰先例中吸取了教训。在有关进口义务的条款中，罗马尼亚承诺"以不低于其本国五年计划规定的进口总量增长速度增加从缔约方的进口"[②]，而不是以固定的速度增加进口。在其他实质性条款中，《罗马尼亚加入议定书》几乎照搬了《波兰加入议定书》。总体来看，罗马尼亚加入 GATT 的模式与波兰大体相似。

与波兰和罗马尼亚不同，匈牙利于 1968 年开征进口关税。在其加入 GATT（1973 年）时，匈牙利已经采取初步措施，放松了国家对外贸关系的控制。这些举措帮助它避免了同波兰和罗马尼亚一样作出进口数量承诺，并助其在关税减让的基础上加入 GATT。但实质性特别条款，即选择性保障条款和反倾销调查中的"替代国"方法在《匈牙利加入议定书》中保持不变[③]。同样，正如匈牙利贸易工作组的会议记录所揭示的那样，工作组的审议主要集中在讨论 GATT 缔约方，特别是欧共体何时取消不符合 GATT 第 13 条的进口数量限制上。据称，这种反常现象大部分源于政治因素。GATT 缔约方对匈牙利和波兰的歧视性进口数量

---

① "General Agreement on Tariffs and Trade 1994", para. 1（b）(ⅱ), "The Results of the Uruguay Round of Multilateral Trade Negotiations", Geneva, 1994.
② BISD, 27S/10.
③ BISD, 20S/3, 34.

限制直到 1990 年柏林墙倒塌后才取消[①]。

至于保加利亚，尽管它确实作为观察员参加了 GATT 东京回合谈判，但其在 20 世纪 80 年代作为缔约国加入 GATT 的努力受到了美国的阻挠和反对。直到保加利亚于 20 世纪 90 年代初期推行全面深刻的市场化改革之后，其入关申请才被接受，经过完整的加入程序，最终于 1996 年 12 月成为 WTO 成员。

南斯拉夫的情况有些特殊，因为 GATT 成员国认为，南斯拉夫的入关申请带有强烈的政治动机。尽管波兰、罗马尼亚和匈牙利三国的入关条件有所不同，但有其共同点，即都有一套"缓冲机制"[②]，即 GATT 选择性保障条款和第 6 条第 2 项补充条款，包括关于正常价值测算方法的明确说明。GATT 之所以会引入这两项条款，很明显是将其当作必要而充分的手段，以消除 GATT 第 6 条第 2 项补充条款开头提到的中央计划经济体的贸易扭曲特征，即国家垄断外贸和国家控制价格。"替代国"条款旨在解决价格可比性问题。简而言之，这些内容当时被普遍认为是中央计划经济体融入基于市场的 GATT 体系所需的唯一绝对必要条件，别无其他。

WTO 成立后，相继又有一些非西方国家申请加入。Petros 和 Anadre（2019 年）将其分为四类并分别剖析这些国家的特征、《加入议定书》及附加义务[③]。

---

① Peter Naray, "Russia and the World Trade Organization", Palgrave, 2001: 9.
② John H.Jackson, The World Trading System. Law and Policy of International Economic Relations, MIT Press, 1997: 331.
③ Petros C. Mavroidis and Anadre Sapir, China and The World Trade Organization: Towards a Better Fit, Working Paper, Issue 06, 11 June 2019.

（1）中东欧国家。

（2）俄罗斯和其他苏联加盟共和国。

（3）阿拉伯国家。

（4）越南和中国。

这种分类的基本原理与每个群体的固有特征相关，前两类国家都属于苏联社会主义阵营，后来中东欧国家加入了欧盟，而俄罗斯和其他苏联加盟共和国没有加入欧盟。阿拉伯国家带有国家贸易的特征，但其通常由王室统治。

中东欧国家以创始成员（捷克、匈牙利、波兰、罗马尼亚、斯洛伐克共和国和斯洛文尼亚）或加入成员（保加利亚、克罗地亚、爱沙尼亚、拉脱维亚和立陶宛）的身份申请并加入WTO时，它们中的大多数已经在谈判（或已经决定谈判）加入欧盟。要想成为欧盟成员，这些中东欧国家必须修改其国内诸多法律法规，使之符合欧盟要求，当然也会遵守GATT/WTO自由化的理念，其市场经济发展程度要跟上已有的其他欧盟成员国的水平。

俄罗斯、哈萨克斯坦和乌克兰在国有企业/企业化、价格政策、贸易权和投资领域都推行了市场化改革[①]。

在国有企业/私有化方面：这三个国家加入WTO之前就已实施了广泛的私有化改革方案，涵盖农业、工业和服务业。国有企业数量有所减少，不过在其加入WTO时，国有企业在经济中

[①] Petros C. Mavroidis and Anadre Sapir, China and The World Trade Organization: Towards a Better Fit, Working Paper, Issue 06, 11 June 2019.

所占份额仍然很大。这些国家必须确保其国有企业的生产经营方式符合 WTO 相关协定的要求，实际上意味着它们将遵守《补贴与反补贴措施协定》（Agreement on Subsidies and Countervailing Measures，以下简称《SCM 协定》）、特别是 GATT 第 17 条（关于 STEs）的义务。但需要说明的是，没有人能够保证私有化将在竞争条件下进行，使得有兴趣的买家（国内或国外）都可以公平竞购国有资产，况且国有资产可以转卖给国有部门的亲信，进而国有控制权可在私有化的幌子下继续存在，也就是说，如果缺乏公平有效的竞争，就会加剧虚假私有化所引致的问题。国有企业必须遵守《SCM 协定》，但问题是《SCM 协定》甚至没有提到"国有企业"一词。

在价格政策方面：在这三个国家，有些特定市场的物价会受到管制，如能源、酒精饮料以及化肥之类的农产品。乌克兰国家物价局负责监督实施最低价格政策①。定价政策在 GATT/WTO 相关法律条款中属于未被充分探讨的问题。最低销售价格是一种价格政策，属于边界后的措施。通常而言，最低销售价格政策旨在保护国内生产，但当涉及进口货物时，类似措施就不符合 GATT 第 3 条的要求。假设进口货物按照相关海关估价程序和关税支付，以价格（x）进入一国国内市场，进一步假设该进口国国内法律规定该商品必须以 2 倍的价格（$2x$）出售，申诉人将必须证明，

---

① 最低价格通常被认为不符合 GATT 要求。然而，这三个国家都认为，与 GATT 第 11 条（即消除数量限制）不一致，可以通过 GATT 第 20 条（GATT 义务的例外条款）来证明其合理性。例如，乌克兰认为，其实施最低价格政策是为了打击酒精饮料的非法生产和贸易行为。

这种看似非歧视性的价格政策违反了国民待遇原则[①]。如果这种产品的生产成本介于（x）和（$2x$）之间，那么，这项价格政策实际上会为进口商品带来更高的负担。

在贸易权方面：这三个国家都同意增加拥有贸易权的个体（自然人或法人）数量，但对贸易权获取资格也提出了一些要求。

在投资方面：这三个国家都对投资实行限制。他们在申请加入WTO的过程中解释说，他们更偏好于对新技术和具有战略意义领域的投资。WTO规则并无关于商品投资方面的义务，但在服务投资领域可能受到一些义务约束。

阿拉伯国家的国有企业问题比较突出。沙特阿拉伯承诺，将推动国有企业私有化改革并进一步缩小国有企业规模[②]。阿曼也作出了类似承诺。迄今为止，还没有成员国向WTO专家组提出针对阿拉伯国家国有企业问题的投诉。

越南和中国以非市场经济体的身份申请并加入了WTO。越南在其加入过程中接受了一系列WTO附加义务。越南承诺保障其境内的本国公民和外国人都同样享有贸易权，禁止所有政府强

[①] 国民待遇原则是WTO的基本法律原则之一，指在民事权利方面，一个国家给予在其国境内的外国公民和企业与其内公民、企业同等待遇，而非政治方面的待遇。国民待遇原则是最惠国待遇原则的重要补充。在实现所有世贸组织成员平等待遇基础上，世贸组织成员的商品或服务进入另一成员领土后，也应该享受与该国的商品或服务相同的待遇，这正是世贸组织非歧视贸易原则的重要体现。国民待遇原则严格讲就是外国商品或服务与进口国内商品或服务处于平等待遇的原则。

[②] Petros C. Mavroidis and Anadre Sapir, China and The World Trade Organization: Towards a Better Fit, Working Paper, Issue 06, 11 June 2019: 21.

制要求的技术转让。中国的情况将在下文详细介绍。

自 1995 年 WTO 成立至 2002 年，共有 14 个国家成为 WTO 成员，其中包括 10 个转型经济体[①]。这些转型经济体在《加入议定书》中都同意承担附加义务或重申了 IMF 条款规定的义务，并作出了多项具体承诺，包括蒙古（17 个）、保加利亚（26 个）、吉尔吉斯斯坦（29 个）、拉脱维亚（22 个）、爱沙尼亚（24 个）、阿尔巴尼亚（29 个）、克罗地亚（27 个）、格鲁吉亚（29 个）、立陶宛（28 个）和摩尔多瓦（28 个）[②]。这些承诺可归类为九个方面。

（1）外汇和国际收支。作为 IMF 成员，这些国家遵循国际公认的货币规则，包括 IMF 协定条款第 8 条规定的义务，该条款规定了当前国际交易的货币可兑换性。

（2）国家所有权和私有化。所有国家都在实施大规模私有化方案，并有着定期向 WTO 报告有关事态发展的义务。

（3）价格政策。所有国家都表示，除了国家对《加入议定书》中列出的一些自然垄断企业的定价政策进行控制，所有其他商品和服务的价格均由市场力量决定。所有价格管制都将以与 WTO 一致的方式实施，并将按照 GATT 1994 第 III.9 条的规定充分考

---

① 保加利亚（1996 年）、蒙古（1997 年）、吉尔吉斯斯坦（1998 年）、拉脱维亚（1999 年）、爱沙尼亚（1999 年）、阿尔巴尼亚（2000 年）、克罗地亚（2000 年）、格鲁吉亚（2000 年）、立陶宛（2001 年）和摩尔多瓦（2001 年）。

② WTO documents WT/ACC/7/Rev.2 of 1 November 2000, p. 22; WT/ACC/LTU/52 of 7 November 2000; WT/ACC/MOL/37 of 11 January 2001.

虑 WTO 成员方的出口利益。

（4）贸易权。所有国家都重申，已经废除国家对外贸易的垄断，外国和国内个人或公司根据其登记的业务范围进出口货物不受任何限制。

（5）反倾销、反补贴和保障制度。所有国家都承诺完全按照 WTO 的有关规定采取反倾销税、反补贴税和保障措施。

（6）出口补贴。几乎所有国家都表示，自加入之日起，他们已经或即将不保留任何《SCM 协定》第 3 条所界定的禁止补贴，包括出口补贴，并且自加入之日起也不会引入此类禁止补贴。少数国家（例如，保加利亚和吉尔吉斯斯坦）将在 2002 年 12 月 31 日，即《SCM 协定》第 29 条规定的日期之前取消这种补贴。

（7）产业政策，包括补贴。加入国确认，将根据《SCM 协定》管理所有补贴项目，并将根据《SCM 协定》及时通知应通报项目的所有必要信息。

（8）国有贸易实体。所有国家承诺，在加入后，他们将遵守 GATT 1994 第 17 条的规定、WTO 关于该条和《服务贸易总协定》第 8 条的谅解，特别是遵守关于通知、非歧视和贸易交易基于商业考虑的规定。

（9）透明度。各国确认，自加入之日起，所有与贸易有关的法律和其他规范性法案都将在各自官方公报上公布，在公布之前，任何法律或其他规范性法案都不会生效。任何 WTO 协定所要求的初始通知也将在各自《加入议定书》生效时提交。

新加入的转型经济体在承担WTO《反倾销协定》等义务的同时,还必须和WTO其他成员国一样,就如何在国家立法中处理GATT第6条第2项补充条款采取措施。保加利亚、吉尔吉斯斯坦和克罗地亚在立法时,没有提及任何非市场经济的例外情形,而拉脱维亚的立法中顺带提及了"非市场经济"的内容。其他国家要么已经通知WTO秘书处,正在起草此类立法,要么尚未提交相关通知。

通过与新成员谈判,使其遵守有关规则且作出上述具体承诺,WTO成员已明确承认有关国家不再是GATT第6条第2项补充条款规定范围内的STCs。这一事实的法律含义就是,若有诉讼案例发生,源自《反倾销协定》的所有普遍准则和做法都必须无条件地适用于WTO新成员。相反,如果在双边层面无视《反倾销协定》而在本国国内立法中保留(美国或欧共体)抑或引入(许多其他WTO成员)"市场经济国家"标准(见表3.1),可能会导致大量的争端,或在实施过程中引致法律冲突。

表3.1 部分国家法律中的"市场经济国家"标准

美国 (G/ADP/N/1/ USA/1) 1995-04-10	欧洲 (Regulation No. 905/98) 1998-04-27	墨西哥 (G/ADP/N/1/ MEX/1/Suppl.1) 2001-01-31	马来西亚 (G/ADP/Q1/ MYS/6) 2001-01-11
(1)该国货币兑换为其他国家货币的程度	(5)汇率转换按市场汇率进行	(1)接受调查的外国货币必须在国际货币市场上普遍可兑换	无相关要求

续表

美国 （G/ADP/N/1/USA/1） 1995-04-10	欧洲 （Regulation No. 905/98） 1998-04-27	墨西哥 （G/ADP/N/1/MEX/1/Suppl.1） 2001-01-31	马来西亚 （G/ADP/Q1/MYS/6） 2001-01-11
（4）政府拥有或控制生产资料的程度	（1）关于价格、成本和投入（包括技术和劳动力、产出、销售和投资）的**企业决策**是根据反映供求的市场信号**做出**的，在这方面**没有国家的重大干预**，主要投入的成本实质上反映了市场价值	（3）**必须在不受任何重大国家干预的情况下，根据市场信号**做出与受调查工业部门的投入（包括原材料、技术、生产、销售和投资）的价格、成本和供应有关的**决定**	（1）私人投资的程度，特别是私人公司是否持有大部分股份，以及**政府官员是否为董事会成员或担任关键管理职位**
（5）政府对资源配置以及企业价格和产出决策的控制程度	同上	同上	（3）公司对原材料和投入物采购的控制；（4）决定出口价格和出口数量的自由
（2）该国工资率在多大程度上取决于劳资双方的自由谈判	无相关要求	（2）上述外国的工资必须通过工人和雇主之间的自由协商确定	（2）雇用和解雇员工以及决定其工资的自由
（3）允许其他外国公司在该国进行合资或其他投资的程度	无相关要求	无相关要求	无相关要求

市场经济与统一大市场

续表

美国 （G/ADP/N/1/USA/1） 1995-04-10	欧洲 （Regulation No. 905/98） 1998-04-27	墨西哥 （G/ADP/N/1/MEX/1/Suppl.1） 2001-01-31	马来西亚 （G/ADP/Q1/MYS/6） 2001-01-11
无相关要求	（2）公司有一套清晰的基本会计记录，并根据国际会计准则进行独立审计，适用于所有用途	（4）被调查的行业必须只有一套会计记录，用于所有目的，并根据公认的会计准则进行审计	无相关要求
无相关要求	（3）公司的生产成本和财务状况不受前非市场经济体制遗留下来的重大扭曲的影响，特别是在资产折旧、其他注销和通过债务补偿支付方面	（5）受调查部门或行业的生产成本和财务状况不得与资产折旧、坏账、易货贸易和债务补偿或其他相关因素有关	无相关要求
无相关要求	（4）有关公司须遵守破产法和财产法，以保证公司经营的法律确定性和稳定性	无相关要求	无相关要求
（6）管理当局认为适当的其他因素	无相关要求	无相关要求	无相关要求

说明：括号内的数字表示该条标准在各自国家法律中出现的顺序。为了便于比较，更改了此顺序，并添加了强调（斜体形式）。引自 Alexander Polouektov, "The Non-Market Economy" Issue In International Trade In The Context of WTO Accessions, United Nations Conference on Trade and Development, UNCTAD/DITC/TNCD/MISC.20, 9 October, 2002.

三、美欧应对非市场经济问题的主要做法及其特点

非市场经济问题主要出现在国际贸易领域关于价格比较的一系列诉讼当中,即反倾销调查和反补贴调查。因此,有必要看看WTO两大主要成员——美国与欧盟在处理非市场经济问题方面的一些做法及其特点。

美国在反倾销调查中通常会调查反垄断法(及其执行)、证券交易、关税和反倾销法等情况,并认为这些都属于判定一国市场经济地位的重要因素。但从表3.1给出的部分法律中对"市场经济国家"认定标准的对比情况来看,仍然存在不少问题[①]。首先,很多因素都属于宏观经济层面,更适合出现于IMF的国家报告之中,而不应该体现于WTO框架下。其次,许多中央计划经济体此前都已加入GATT,说明他们在入关时的国内经济制度和GATT的原则和规则就已基本兼容了,而且所有新加入成员也都已是IMF成员,他们在申请加入IMF的过程中提供了大量的经济和统计信息,然而为何许多本应属于WTO领域之外的标准却成为他们在WTO框架内接受非歧视待遇的前提条件呢?例如,GATT 1994第15条明确承认,IMF在汇率事务方面更权威,就业问题更适合放入国际劳工组织(ILO)框架下讨论等。确保新成员国的贸易制度都符合或者遵守WTO的原则和规则,显然

[①] Alexander Polouektov, "The Non-Market Economy" Issue In International Trade In The Context of WTO Accessions, United Nations Conference on Trade and Development, UNCTAD/DITC/TNCD/MISC.20, 9 October, 2002.

应该是 WTO 申请加入工作组的职责。值得强调的是，表 3.1 中所列的那些标准实际上赋予了管理当局无限的自由裁量权。一些重要术语缺乏明确的界定和说明，如"幅度""显著""程度"或"自由"，这足以让任何国家以及任何产业都难以完全符合这些标准，除非调查当局通过政治决策，废除被调查国的非市场经济地位。

美国《1930 年关税法案》第 771（18）（D）条强调，"管理当局做出的决定……不再接受任何司法审查。"这似乎意味着，测试某国是否符合"市场经济国家"标准，或者是否赋予其市场经济地位，很大程度上是个政治问题，而且极不透明。

从 WTO 秘书处定期编写的国家贸易政策审查、IMF 国家报告、经济合作与发展组织（OECD）调查和美国贸易代表处关于外国贸易壁垒的年度报告来看，所有已被赋予市场经济地位的国家都不能轻易符合表 3.1 中的要求。有些国家因存在国有贸易或价格管制而难以通过这类测试，而有些国家由于构筑了广泛的社会安全网，无法通过"自由解雇工人和自由决定工资"的测试①。

美国商务部发起反倾销调查的主要依据是《1930 年关税法案》第 771（18）（A）条，即"非市场经济国家"指调查机关认定的那些不按成本或价格的市场原则运行，产品在该国的销售价格不反映其公平价格的国家。表 3.1 第 1 列概述了美国商务部在

---

① 例如，可参阅："Pour l'OCDE, l'économie suisse n'est pas assez libérale", Le Temps, 15 December 2000.

这方面需要考虑的法定因素。有趣的是，波兰是第一个以苛刻条件加入 GATT 的非市场经济国家。1993 年，在对定尺钢板进行反倾销调查的过程中，波兰成为第一个被美国商务部撤销非市场经济地位的国家。关于美国商务部做出这一决定的具体过程及缘由，可参考相关备忘录，其中美国商务部分别依据表 3.1 第 1 列的六个方面对波兰进行了审查[①]。捷克和斯洛伐克这两个国家的非市场经济地位于 2000 年初在反倾销调查过程中也被美国商务部撤销[②]，其市场经济地位自 1998 年 1 月 1 日起生效。美国商务部认为，有大量证据表明这两个国家推行了"积极的经济改革"。2000 年 2 月，在对一起反倾销诉讼进行日落复审的过程中，匈牙利被重新归类为市场经济国家[③]。1999 年，拉脱维亚加入 WTO，并于 2001 年初，在一项反倾销调查中获得了市场经济地位[④]。相反，尽管中国和罗马尼亚都多次尝试，并且同样作为 WTO 成员，但均未获得美国商务部的认可，自然也没有被赋予

---

① Andersen, Op.cit: 14~20.
② Notice of Preliminary Determination of Sales at Less Than Fair Value: Certain Small Diameter Carbon and Alloy Seamless Standard, Line, and Pressure Pipe From the Czech Republic, 65 FR 5599 (2000); Notice of Preliminary Determination of Sales at Less Than Fair Value: Certain Cold-Rolled Flat-Rolled Carbon-Quality Steel Products From Slovakia, 65 FR 1110 (2000).
③ Rescission of Anti-Dumping Administrative Review: Tapered Roller Bearings from Hungary, 65 FR 35610 (2000).
④ Notice of Preliminary Determination of Sales at Less Than Fair Value: Steel Concrete Reinforcing Bars from Latvia, 66 FR 8323 (2001).

市场经济地位,甚至都没通过美国"市场导向型产业"的测试[1]。

依据 WTO《SCM 协定》,若要确定存在可反补贴[2],则必须满足如下条件:(1)必须存在政府提供的财政资助;(2)该项补贴必须是针对特定行业、部门或专门针对出口,也就是说,补贴必须是"特定的"而不是普遍可适用的;(3)补贴接受方必须能够获得净收益,并影响了正常竞争。在此背景下,1983年,当美国商务部针对来自中国的纺织品和服装以及来自捷克斯洛伐克和波兰的钢丝提出反补贴税申请时,他们不得不解决"补贴"这个非常棘手的概念问题。美国商务部最终采取的立场是,在非市场经济的环境中,整个经济体被视为单一企业,由政府按照中央经济计划进行财政干预,补贴不会对资源配置产生影响。换言之,"补贴"概念在市场的经济体制之外没有任何意义[3]。美国联邦巡回上诉法院维持了这一裁决,后来又被美国商务部重申,并拒绝对一些东欧国家的钾肥发起反补贴税调查。总而言之,根据美国的先例,非市场经济地位意味着在这种

---

[1] 可参阅:Notice of Preliminary Determination of Sales at Less Than Fair Value: Certain Small Diameter Carbon and Alloy Seamless Standard, Line and Pressure Pipe from Romania, 65 FR 5594 (2000); Notice of Preliminary Determination of Sales at Less Than Fair Value: Synthetic Indigo from the People's Republic of China, 64 FR 69723 (1999).

[2] "Agreement on Subsidies and Countervailing Measures", Articles 1.1, 1.2 and 5 ("The Results of the Uruguay Round of Multilateral Trade Negotiations", Geneva, 1994).

[3] Termination of Countervailing Duty Investigation: Textile, apparel and related products from the People's Republic of China, 48 FR 55492 (1983); Final Negative Countervailing Duty Determination: Carbon Steel Wire Rod from Czechoslovakia, 49 FR 19370 (1984); Final Negative Countervailing Duty Determination: Carbon Steel Wire Rod from Poland, 49 FR 19474 (1984).

环境中不可能存在补贴，进而也不可能对其启动反补贴税调查[①]。

欧共体若向WTO的非市场经济成员提出任何反补贴税申请，也将面临同样的法律难题，因为欧共体立法中没有对此类案件的规定。若要解决这一问题，欧共体必须首先修改其非市场经济国家名单或者诉诸WTO争端解决机制。表3.2举例说明了WTO多边层面以及美国和欧共体的国家立法是如何对待WTO新加入转型经济体成员的市场经济地位的。

表3.2 WTO转型经济体成员的市场经济地位情况

国家	入世文件中的例外或保留条款	美国反倾销法律中的地位赋予情况	欧共体反倾销法律中的地位赋予情况
保加利亚	无	非市场经济	市场经济
蒙古	无	非市场经济	非市场经济
吉尔吉斯斯坦	无	非市场经济	非市场经济
拉脱维亚	无	市场经济	市场经济
爱沙尼亚	无	非市场经济	市场经济
阿尔巴尼亚	无	非市场经济	非市场经济
克罗地亚	无	非市场经济	市场经济
格鲁吉亚	无	非市场经济	非市场经济
立陶宛	无	非市场经济	市场经济
摩尔多瓦	无	非市场经济	非市场经济

资料来源：Alexander Polouektov, "The Non-Market Economy" Issue In International Trade In The Context of WTO Accessions, United Nations Conference on Trade and Development, UNCTAD/DITC/TNCD/MISC.20, 9 October, 2002.

[①] 关于这个问题的详细讨论，可参阅：Horlick and Shuman, Op .cit., pp. 828~830; David Richardson and Robert Nielsen, "Recent Developments in the Treatment of Nonmarket Economies under the AD/CVD Laws", in "The Commerce Department Speaks, 1992; Developments in Import Administration", Practising Law Institute, Washington, D.C., 1992.

市场经济与统一大市场

美国根据其国内法律理论上可以"在任何时候"认定任何国家为非市场经济国家[①]。与美国不同,欧共体在这方面的程序似乎更加严格,而且透明度更低。用于确定进口自非市场经济国家的产品正常价值的特别规定,虽然被列入了《欧共体第1681/79号反倾销条例》,但该条例没有提供任何关于该术语的定义。相反,其补充条例明确列出了适用这些特别规定的非市场经济国家的名单[②]。有意思的是,欧洲共同体的第一部反倾销立法(《欧洲理事会第459/68号条例》和《欧洲委员会第77/329号建议》)明确指出,关于确定正常价值的特别规定必须适用于"那些贸易几乎完全由国家垄断,且国内价格都由国家确定"的情形[③],也就是说,欧共体基本照搬了GATT第6条第2项补充条款的相关内容。

随着苏联解体以及中东欧国家开始推行自由化改革,欧共体对其列出的非市场经济国家名单进行了重大修改。然而,由于该程序保密性较强,目前尚不清楚这一变化发生的确切时间和标准。似乎政治动机在这项决策中发挥了重要作用,因为欧共体从来没有公开说明为何要进行修改。以下事实也能体现这项影响决策的政治因素:修改后的非市场经济国家名单中包括苏联的所有加盟共和国,但拉脱维亚、立陶宛和爱沙尼亚除外。问题是这三个国

[①] Tariff Act of 1930, Title VII, Sec.771 (18) (C) (ii) (WTO document G/ADP/N/1/USA/1,G/SCM/N/1/USA/1 of 10 April 1995: 90).

[②] 保加利亚、匈牙利、波兰、罗马尼亚、捷克斯洛伐克、德意志民主共和国、苏联、阿尔巴尼亚、越南、朝鲜、蒙古、中国。可参阅:Council Regulation (EEC) No 925/79 of 8 May 1979, OJ L 131/1, 29.5.1979; Council Regulation (EEC) No 2532/78 of 16 October 1978, OJ L 306/1, 31.10.78.

[③] Commission Recommendation No 77/329/ECSC of 15 April 1977, OJ L 114/6, 5.5.77.

家的经济制度与苏联所有加盟共和国一样,都属于中央计划经济体。因此,第二份适用于确定正常价值特别规定的、可追溯的国家清单出现在1998年,当时仅修订了《反倾销理事会(欧共体)第384/96号条例》(以下简称《基本条例》),允许俄罗斯和中国的生产商获得"市场导向型产业"地位①,但生产商应该满足的标准同表3.1中第2列的要求。换言之,欧共体虽然没有将俄罗斯和中国完全从非市场经济国家名单中删除,但据称试图通过引入"临时市场经济制度",减缓或放松对两个国家部分产业的反倾销调查。因此,后来在一些诉讼案例中,中国出口商就依据欧共体的《基本条例》而成功地获得了市场导向型产业地位②。《基本条例》中指定的其他国家③则没有该项权利,在确定正常价值的过程中,这些国家只能无条件地服从特别规定。2000年10月,欧共体进一步修订其《基本条例》④。较之此前版本,新修订的《基本条例》减少了明确列在名单上的非市场经济国家数量,而增加了类似此前俄罗斯和中国享有的可申请市场导向型产业地位的国家,新增了乌克兰、越南、哈萨克斯坦以及"在调查开始之日是

---

① Council Regulation (EC) No 905/98 of 27 April 1998, OJ L 128/18, 30.4.98.
② 例如,可参阅:Commission Regulation (EC) No. 255/2001 of 7 February 2001 imposing a provisional anti-dumping duty on imports of integrated electronic compact fluorescent lamps originating in the People's Republic of China, OJ L 38/8, 8.2.2001.
③ 阿尔巴尼亚、亚美尼亚、阿塞拜疆、白俄罗斯、格鲁吉亚、哈萨克斯坦、朝鲜、吉尔吉斯斯坦、摩尔多瓦、蒙古、塔吉克斯坦、土库曼斯坦、乌克兰、乌兹别克斯坦、越南。
④ Council Regulation (EC) No 2238/2000 of 9 October 2000, OJ L 257/2, 11.10.2000.

WTO 成员的任何非市场经济国家"[①]。

欧共体启动反倾销和反补贴税的程序及相关要求最初被放在一份文件中,该文件明确指出,对于与非市场经济国家的进口贸易,应在适当基础上,通过使用《基本条例》所规定的方法,确定进口产品是否为倾销并依此确定补贴额度[②]。这份文件于1979年成为欧共体的反倾销与反补贴规范实施法案。但有意思的是,在此两年之前,美国上诉法院和美国商务部已经宣布对非市场经济体不再使用反补贴税。欧共体显然考虑到了 GATT 乌拉圭回合谈判的结果,但仍然决定遵循多边协定,并通过了一项单独的法律文件[③]。这份法律文件在反补贴税调查情形中并未提及非市场经济,似乎有意暗指,和美国一样,此类案件不再针对欧共体非市场经济国家名单上所列的国家。

总而言之,一方面,WTO 正式成员必须享有该国际组织框架下的非歧视待遇;另一方面,由于美国和欧共体在立法中保留了非市场经济条款,进而包括转型经济体在内的非市场经济国家的出口贸易仍受制于其贸易伙伴的单方面政策。此外,由于调查当局使用的标准不一,故会出现表 3.2 中的情形,同一个国家在同一时间很可能既被视为市场经济国家,又被视为非市场经济国家。许多 WTO 成员在其国内的反倾销法中也采取了类似措施,

---

[①] 阿尔巴尼亚、亚美尼亚、阿塞拜疆、白俄罗斯、格鲁吉亚、朝鲜、吉尔吉斯斯坦、摩尔多瓦、蒙古、塔吉克斯坦、乌兹别克斯坦。

[②] Council Regulation (EEC) No 2423/88 of 11 July 1988, OJ L 209/1, 2.8.88, Arts. 2 (5) and 3(4) (d).

[③] Council Regulation (EC) No 2026/97 of 6 October 1997, OJ L 288/1, 21.10.97.

所以时常会产生截然相反的结论，进而使人们对"非市场经济"这个概念的经济合理性产生了严重怀疑。

四、《中国加入议定书》首次出现"非市场经济"的提法

中国历经旷日持久的谈判最终加入WTO。1947年，中国签署文件成为GATT的初始缔约国，但在中华人民共和国成立后，中国的初始缔约国权益于1950年被取消。接下来的30年里，中国几乎没有联系过GATT。20世纪80年代，随着邓小平倡导推行经济改革，情况发生了变化。在寻求并获得GATT观察员地位以后，中国于1986年7月10日通知GATT总干事，决定"寻求恢复作为GATT缔约国的地位"，并为此准备"与GATT缔约国进行谈判"。1987年3月，GATT成立了一个关于中国缔约国地位的工作组，该工作组自1987—1995年举行了20次会议，但未达成协议。中国随后提出申请加入WTO，GATT工作组转变为中国加入WTO工作组。中国加入WTO工作组于1995—2001年共举行了18次会议，最终就工作组报告达成了协议，包括《中国加入议定书》[①]。2001年11月11日，各成员国一致批准中国加入WTO。WTO总干事迈克·摩尔（Mike Moore）表示，这一天将被铭记为"中国、WTO和世界在21世

---

① Petros C. Mavroidis and Anadre Sapir, China and The World Trade Organization: Towards a Better Fit, Working Paper, Issue 06, 11 June 2019.

纪最重要的事件之一"。在华盛顿，时任美国总统乔治·沃克·布什（George Walker Bush）说："我们期待，我们也知道，更大规模的贸易将给我们所有人民带来巨大利益。"在北京，《人民日报》在头版社论中宣称，"中国改革开放进程中具有历史意义的一件大事——祝贺我国加入世界贸易组织。"

《中国加入议定书》第15条（以下简称"第15条"）最早提出"非市场经济"（NME）[①]，在WTO成员对华发起反倾销、反补贴调查过程中确定价格可比性问题时参考使用。第15条（a）项的原文如下[②]：

（a）在根据GATT 1994第6条和《反倾销协定》确定价格可比性时，该WTO进口成员应依据下列规则，使用接受调查产业的中国价格或成本，或者使用不依据与中国国内价格或成本进行严格比较的方法：

（i）如受调查的生产者能够明确证明，生产该同类产品的产业在制造、生产和销售该产品方面具备市场经济条件，则该WTO进口成员在确定价格可比性时，应使用受调查产业的中国价格或成本。

（ii）如受调查的生产者不能明确证明生产该同类产品的产业在

---

① Protocol on the Accession of the People's Republic of China, WT/L/432 (23 November 2001).
② 中华人民共和国商务部网站.中国加入世贸组织议定书（标准中文版全文）[EB/OL].（2016-12-08）[2021-10-11]. http://gpj.mofcom.gov.cn/article/zuixindt/201612/20161202103711.shtml.

制造、生产和销售该产品方面具备市场经济条件,则该 WTO 进口成员可使用不依据与中国国内价格或成本进行严格比较的方法。

但依据第 15 条（d）项,NME 方法应在中国入世 15 周年（2016 年 12 月 10 日）后停止使用。第 15 条（d）项的原文内容如下[①]:

一旦中国根据该 WTO 进口成员的国内法证实其是一个市场经济体,则（a）项的规定即应终止,但截至加入之日,该 WTO 进口成员的国内法中须包含有关市场经济的标准。无论如何,（a）项（ii）目的规定应在加入之日后 15 年终止。此外,如中国根据该 WTO 进口成员的国内法证实一特定产业或部门具备市场经济条件,则（a）项中的非市场经济条款不得再对该产业或部门适用。

所以,由此可知,中国若想被某个 WTO 成员承认为市场经济体,一是要求在中国入世之前,该成员国的国内法中必须包含有关市场经济的标准,二是中国与该成员国举行双边谈判,证明自身符合此标准并获得其认可。

---

① 中华人民共和国商务部网站.中国加入世贸组织议定书（标准中文版全文）[EB/OL].（2016-12-08）[2021-10-11].http://gpj.mofcom.gov.cn/article/zuixindt/201612/20161202103711.shtml.

专栏 3.1　为何只有《中国加入议定书》出现"NME"提法？

GATT 并无任何涉及各成员国国内产权制度或所有制结构的条款，因为早期的隐含假设 GATT 所有成员国都拥有自由市场制度，明显不同于中央计划经济体或 NME。但是 GATT 并未将中央计划经济体拒之门外，不但接受了波兰和罗马尼亚，而且也没有改变它们中央计划经济体制。

GATT 谈判是在苏联作为唯一重要的 NME 的时候达成的。由于当时苏联拒绝了 GATT 的邀请，所以，GATT 就没有对解决 NME 问题做过多的考虑。作为 GATT 的策划者，加拿大最初建议只向志同道合的国家发出 GATT 谈判邀请，被邀请方基本上都是市场经济国家。但有人认为这样做过于狭隘，GATT 应该追求贸易自由化并以此促进和平与安全。因此，最终决定敞开大门，并向苏联发出了邀请。到 1946 年 GATT 谈判时，苏联已经拒绝了列宁的市场开放思想及其新经济政策（NEP），成为一个封闭的体系，只与其联盟成员国进行国际贸易。温斯顿·丘吉尔（Winston Churchill）在 1946 年 3 月 5 日的著名演讲中描述了这种情况："从波罗的海的斯特廷到亚得里亚海的的里雅斯特，一道铁幕已经在整个大陆上落下。"此后，GATT 的成员主要是自由市场经济国家。但最后有个例外，捷克斯洛伐克在与 GATT 谈判之初为自由市场国家，但在雅尔塔会议和建立"铁幕"（欧洲市场经济和非市场经济的分界线）之后，改变了阵营，不过，捷克斯洛伐克没有立即退出谈判。最终捷克斯洛伐克决定不签署 GATT 协议，直到几十年后（1993 年），它完成了市场经济转型才加入 GATT 协议①。

英国是参与 GATT 早期谈判的重要成员之一。英国著名经济学家约翰·梅纳德·凯恩斯尽管因英年早逝而没有参加 GATT 谈判，但他在参加布雷顿森林体系谈判期间，已充分表达了对国际贸易中政府作用的看法。凯恩斯坚信，为了确保战后充分就业，政府必须制订经济计划。在他看来，这样的计划必然包括政府控制国际贸易。但美国国务院及其他机构持相反观点，他们不仅希望非歧视成为世界贸易体系的核心原则，而且还希望确保大多数国际贸易由私人企业而不是由政府规划者掌握②。

关于国家在贸易关系中的角色，GATT 第 17 条谈到了 STEs 的功能，"STEs……在其涉及进口或出口的采购或销售中，应遵守非歧视原则……要求此类企业……仅根据商业考虑进行任何此类采购或销售…并应根据惯例，为其他缔约方的企业提供充分的机会，以竞争参与此类采购或销售。"英国和加拿大是组织讨论这一条款的牵头人，该条款旨在约束那些通过国家实体开展贸易的国家。例如，大麦委员会在当时

---

① 事实上，它解体后两个国家分别通过单独的加入议定书加入了世贸组织，即捷克共和国和斯洛伐克共和国。
② Irwin, Douglas A., Petros C. Mavroidis, and Alan O. Sykes. 2008. The Genesis of the GATT, Cambridge University Press: New York City, New York.

非常流行,其目的是要稳定农产品价格,减少价格波动。

在应对NME的出口商时,GATT第6条的解释性说明在可偏离标准反倾销程序方面提供了一种可能,而且这项说明的有趣之处在于,它给出了NME的定义:"人们认识到,如果从实质上完全垄断其贸易的国家进口,并且该国所有国内价格都由国家确定……"这是一项非常苛刻的规定,按此标准,地球上可能没有一个国家符合NME的要求。然而,在实际运用过程中,这种做法非常灵活,常被用于应对东欧国家、中国及其部分邻国的出口商。

在乌拉圭回合谈判之前,只有两个NME国家加入了GATT,即波兰(1967年)和罗马尼亚(1971年)。他们签署了《加入议定书》,接受了一些附加义务,别无其他特别值得关注的内容。他们继续作为NME国家,直到柏林墙倒塌,开始进行加入欧盟的谈判[1]。总之,GATT在其早期大部分时间里,成员是来自西方的自由市场经济国家,普遍认为没有必要制定全面的条款解决似乎不存在的问题。

随着20世纪80年代和20世纪90年代早期新自由主义理念的胜利,此前的许多NME国家纷纷采纳自由市场政策并加入了WTO。如果严格依据GATT第6条的解释性说明,那么,除中国外,许多WTO成员也应属于NME国家。但事实上,只有《中国加入议定书》中有关于NME的详细规定。与之

---

[1] Williams, Peter. John. 2008. A Handbook on Accession to the WTO, a WTO Secretariat Publication, Cambridge University Press: Cambridge, United Kingdom.

相比,《俄罗斯加入议定书》中对 NME 只字未提,那些拥有国家主权财富基金和其他国有实体的海湾国家的《加入议定书》也未提及 NME。为什么只有《中国加入议定书》中含有关于 NME 的规定?答案可概括为两个字——规模,中国接受在 2016 年之前被视为 NME 国家。

目前还不完全清楚为什么在《中国加入议定书》第 15 条(d)项下选择 2016 年作为截止日期。不过,依据有关会议论文的观点,WTO 成员可能认为,按照中国当时正在进行的改革势头和速度,中国在《加入议定书》及《WTO 中国加入工作组报告书》中所作的承诺,2001—2016 年,中国足以转型成为完全的市场经济体。中国在《加入议定书》中同意围绕国内贸易和经济体制制定影响深远的条款。例如,在《加入议定书》第 9 条,中国承诺"允许每一部门交易的货物和服务的价格由市场力量决定,且应取消对此类货物和服务的多重定价做法"。在第 5.1 条,中国承诺"逐步放宽贸易权的获得及其范围,以便在加入后 3 年内,使所有在中国的企业均有权在中国的全部关税领土内从事所有货物的贸易"。在第 6.1 条进一步承诺"保证 STEs 的进口购买程序完全透明,并符合《WTO 协定》,且应避免采取任何措施对 STEs 购买或销售货物的数量、价值或原产国施加影响或指导"。这些条款表明,《中国加入议定书》可能是所有加入国际贸易体系的发展中国家所签订的议定书里面最雄心勃勃、影响最为深远的一套承诺。

各方对这个到期日可能会有不同理解。WTO 成员可在 2016 年之前将中国视为 NME 国家,无须任何证据,只需援引《中国加入议定书》的第15条即可。2016年后,他们若要继续把中国视为NME国家,就不得不承担相关的举证责任,也就是说,他们必须证明中国政府影响了价格,中国出口产品的价格并不完全反映市场供求关系①。如果依据这种解读方式,那么意味着中国在2016年不能再被视为非市场经济体。

资料来源:Petros C. Mavroidis and Merit E. Janow, Free Markets, State Involvement, and the WTO: Chinese State-Owned Enterprises(SOEs)in the Ring, EUI Working Paper RSCAS 2017/13. 有删改。

五、中美贸易摩擦以及围绕NME问题的中美讨论

20世纪80年代,面对日本经济快速增长、对外贸易持续扩张的局势,GATT主要成员国高度紧张,欧盟威胁要征收损害关税,美国推进与日本双边谈判并利用301条款强制实施结构性障碍倡议(Structural Impediments Initiative, SII)。对此,国内学界和媒体普遍认为日本在贸易战中是彻底失败的一方,此后其经济陷入长期停滞,经历了"失落的十年"。但事后来看,全球贸易

---

① 可参阅:Bown, Chad P., and Petros C. Mavroidis. 2013. One (Firm) is not Enough: a Legal-Economic Analysis of EC-Fasteners, The World Trade Review, 12: 243~272; Mavroidis, Petros C. and Merit E. Janow (2017) "Free Markets, State Involvement, and the WTO: Chinese State-Owned Enterprises in the Ring", World Trade Review, 16: 571~581.

在20世纪90年代和21世纪初实现爆炸式增长,所谓的"新贸易保护主义"并未逆全球化,更像是维护而非破坏贸易机制。对欧美而言,当时的进口"壁垒"和"自愿出口限制"是临时性的,是对新贸易关系引发分配关系调整的必要回应。对日本而言,刻意减少对美出口,缩小对美贸易顺差,形成一整套包括政府、行业协会和企业的"三位一体"网络,有效应对美国反倾销调查,妥善处理对美关系,避免日美关系恶化,甚至脱钩的风险。中国近年面临的国际形势和40年前的日本很相似。因此,有必要回顾一下日本加入GATT的过程及其应对贸易摩擦的举措(见专栏3.2)。

GATT/WTO框架下
日本面临的贸易摩擦及其应对

日本是唯一一个在加入GATT之前先成为观察员国且必须等待两年才算正式入会的成员。它只能暂时适用GATT,需要经历试用期并说服GATT已有成员国,其经济模式才可以与GATT体系相适应。

1953年,GATT有33个成员国,其中23个成员国同意在试用期内将GATT暂时适用于日本,其他10个国家表示反对。1955年9月10日,日本正式加入GATT后,只有19个成员国同意继续对日本适用GATT,其他14个成员国援引了

GATT 第 35 条,即不适用条款[①]。GATT 第 35 条是一项特殊规定,对加入国援引该条款,意味着在任国不阻止加入国,但拒绝在与新加入国的双边关系中遵守 GATT 义务。援引不适用条款的 14 个成员国分别是澳大利亚、奥地利、比利时、巴西、古巴、法国、海地、印度、卢森堡、荷兰、新西兰、津巴布韦、南非和英国。更糟的是,在这 14 个国家中,有些国家对非 GATT 成员国给予了最惠国待遇,但却拒绝给予日本这个 GATT 新成员国用最惠国待遇。对此,日本采取了"胡萝卜"加"大棒"的方式予以回应。一方面,日本拒绝将 GATT 适用于那些援引不适用条款的国家。另一方面,它同时又承诺不会出口太多。日本方面认为,GATT 能够适应不同经济结构的国家,并一再恳求那些援引不适用条款的国家做出改变。此后较长时期内,只有巴西撤回了其不适用申请。比利时、荷兰和卢森堡称其不适用是暂时的,理由是 GATT 缺乏足够的保障措施来应对日本的竞争。法国和奥地利亦是指责 GATT 缺乏保障措施,借此证明他们援引不适用条款的合理性。尤其是法国,它声称正在采取必要措施保护本国的纺织业。印度坚称它的做法就是为了应对日本的竞争。1964 年 11 月,日本代表"提请注意,通过援引 GATT 第 35 条,有近一半的缔约方没有将 GATT 适用于日本"[②]。1964 年,日本成为欧洲和北美地区以外第一个加入 OECD 的国家,随后几乎所有欧

---

① GATT Doc. L/420 of 11 October 1955.
② GATT Doc. 2SS/SR.2 p.7. 1964 年以后,对日本继续援引 GATT 第 35 条的国家主要是那些于 20 世纪 60 年代初期加入 GATT 的发展中国家。

第三章　GATT/WTO 框架下的市场经济地位问题

洲国家都撤回了对日本所援引的不适用条款。

既然有这么多国家对日本援引了 GATT 第 35 条,为何它们一开始同意日本加入 GATT 的申请呢?这离不开美国的支持。艾森豪威尔总统拒绝采纳部分重要政治家的建议而坚定支持日本加入 GATT,例如,当时的美国众议院筹款委员会主席丹尼尔·里德·克伦尚(Daniel Reed Crenshaw)就曾敦促建立关税壁垒以保护美国市场免受日本出口商品的冲击[①]。美国政府之所以采取这种坚定支持的态度主要是考虑到地缘政治[②]。Kurz Phelan(2018 年)认为,由于马歇尔将军在中国的失败,日本对美国在该地区的利益就变得更加重要。此外还有一些乐观的想法,认为日本融入多边机构(GATT 是重要一环)后,将很快适应并最终模仿美国的经济模式。

事后来看,日本加入 GATT 后,国内经济迅速转型,但同时也证明了最初的批评者——当时否认日本在 GATT 下的权利——是正确的,那些批评者担忧日本的产品将以前所未

[①] Forsberg, Aaron (1998) "The Politics of GATT Expansion: Japanese Accession and the Domestic in Japan and the United States, 1948-1955", Business and Economic History, 27: 185~195.

[②] Eckes(1995)对此提供了大量实证性证据。Davis and Wilf(2017)也讨论和分析了地缘政治因素在日本申请加入 GATT/WTO 过程中的作用。Eckes, Alfred E. (1995) Opening America's Market: US Foreign Trade Policy Since 1776, University of North Carolina Press: Chapel Hill, North Carolina; Davis, Christina L., and Meredith Wilf (2017) "Joining the Club: Accession to the GATT/WTO", The Journal of Politics, 79: 964~78.

市场经济与统一大市场

有的速度和规模涌入其国内市场①。当日本于1955年正式加入GATT时，其出口拉动型的增长模式对欧洲国家影响很大，而对美国影响相对小一些，美国更关注地缘政治问题。但后来形势发生了变化，当对美国影响变大时，美国便毫不犹豫地在GATT之外寻找办法，努力解决美国与日本之间的问题。更糟的是，美国这种做法会伤及其他经济体，如欧盟，欧盟不得不为1985年的美日半导体公约付出代价。

日本在加入GATT之后的15年里，经济迅速增长，这段时期通常被称为"日本奇迹"时期。日本实现了近10%的年均GDP增长。同一时期，美国GDP平均增长仅为4%。因此，相对于美国而言，日本经济规模显著增加。1955年，以购买力平价（PPP）衡量，日本GDP仅占美国的12%。到1970年，这一比例已达到29%。20世纪70年代和20世纪80年代，日本经济增长显著放缓，但平均增长率仍接近5%，比美国高出一个百分点还多。因此，日本和美国GDP之比继续上升，并在1991年达到40%的历史最高水平。日本生产和出口的快速增长在其他国家引起了强烈反响，特别是美国，美国对从日本进口的多种产品征收反倾销和反补贴税。20世纪70年代和20世纪80年代，美国以及欧盟说服日本在不同程度上"自愿"限制其产品出口。日本同意美国要求，对一系

---

① Forsberg, Aaron (1998) "The Politics of GATT Expansion: Japanese Accession and the Domestic in Japan and the United States, 1948—1955", Business and Economic History, 27: 185~195; Johnson, Chalmers (1982), MITI and the Japanese Miracle, Stanford University Press: Stanford, California.

列产品实行自愿出口限制，包括钢铁、彩色电视机和汽车。此外，日本的合作伙伴也开始抱怨他们的企业和产品难以进入日本市场。日本主要贸易伙伴的不满主要集中在两个问题上：一是日本只接受被认为对其有利的投资，例如，涉及可转让给日本公司的技术，而且批准程序冗长[①]；二是无所不在的行政指导，日本政府据此向日本经济代理人发号施令。

"日本公司"成为国际贸易圈为日本起的绰号，其贸易伙伴希望借此表明，日本政府主导国际经济关系，而私人主体则处于次要地位。为此，日本的贸易伙伴采取了多边和双边措施，试图改变日本的做法。

在多边措施方面，美国、加拿大和欧盟根据GATT多边规则启动了诉讼。日本从1955年加入GATT至其1994年加入WTO，共在9起案件中成为被告（见表3.3）。

表3.3 日本在GATT中的贸易纠纷（按时间排序）

产品	申诉方	采纳日期	文件编号
丝绸	美国	1978-05-17	L/4637
皮革（美国Ⅰ）	美国	1979-11-06	L/4849
皮革（加拿大）	加拿大	1980-11-10	L/5042
烟草	美国	1981-06-11	L/5140
皮革（美国Ⅱ）	美国	1984-05-15	L/5623
酒精饮料Ⅰ	欧盟	1987-11-10	L/6216

[①] Mason, Mark (1992) American Multinationals and Japan: the Political Economy of Japanese Capital Controls, 1899—1980, Harvard University Press: Cambridge, Massachusetts.

续表

产品	申诉方	采纳日期	文件编号
农产品 I	美国	1988-03-02	L/6259
半导体	欧盟	1988-05-04	L/6309
SPF 尺寸木材	加拿大	1989-07-19	L/6470

在表3.3列出的这9起贸易纠纷中，日本只占了1次上风（SPF尺寸木材），并报告了其政策措施与GATT不一致的情况。实际上，它只正式通过了6份报告，有两次（丝绸和烟草）在报告发表之前，日本已和申诉人（美国）达成了和解。这两例和解的案件都涉及垄断丝绸和烟草进口的STEs。值得强调的是，日本败诉的8起案件中有7起涉及其进口制度，还有一起则涉及其半导体的出口价格。

1983年，欧盟的前身欧共体与GATT成员国在一份通信中抱怨，"难以进入日本市场，是非常严重的问题。"[1] 欧共体要求根据GATT第23条第2款（利益的丧失和损减）成立一个工作组，因为"鉴于日本经济特有的一系列因素，导致与其他工业化国家相比，日本的进口水平较低，特别是制成品进口水平较低，所以未能实现与日本GATT后续谈判的利益"。欧共体也承认，日本采取了一些措施旨在缓解这种情况，但认为"这些措施的整体影响有限，与问题的严重程度不相称"。因此，欧共体要求，"解决方案……需要一系列协调一致的一般和具体措施，这些措施超越了边境上的正式壁

---

[1] GATT Doc. L/5479, of 8 April 1983.

第三章 GATT/WTO 框架下的市场经济地位问题

垄，而且要能切实改变目前的状况。"

在这方面，欧共体重申，它并不要求日本从根本上改变社会经济体制，它对结果感兴趣：日本今后应根据 GATT 的总体目标，向其贸易伙伴提供扩大贸易的平等机会。

欧共体认为，在 GATT 框架下，日本目前的情况导致了欧共体利益的丧失和损减，并妨碍实现 GATT 目标，特别是 GATT "互惠互利安排"的总目标尚未实现①。不过，欧共体的这项申诉最终没有得到重视②。

在双边措施方面，为解决日美之间的贸易摩擦，美国开始与日本进行双边谈判，即利用美国《1974 年贸易法案》中的 301 条款和贸易制裁的威胁，扩大日本在获得"经济巨人"称号之后的义务范围。从某种意义上来说，20 世纪 80 年代，美国和日本之间的 SII 谈判就是日本的入盟谈判，而由于地缘政治因素，美国在 30 年前并不想进行这一谈判。依据 301 条款，美国政府可以在某些情况下对那些违反贸易协定或进行不公平贸易的国外贸易伙伴采取行动。该法案最初于 1974 年由美国国会通过，此后又有多次修订③。1988 年，美国在《综合贸易和竞争力法案》中进一步修订了 301 条款（又称"超级 301 条款"），此后，美国政府在与贸易伙伴的谈判时

---

① GATT Doc. L/5479, of 8 April 1983: 3.
② GATT Analytical Index: 671.
③ Bhagwati, Jagdish, and Hugh T. Patrick (eds) (1990) Aggressive Unilateralism: America's 301 Trade Policy and the World Trading System, University of Michigan Press: Ann Arbor, Michigan.

影响力显著增加。新的"超级301条款"规定,当一个国家被认定为不公平的贸易伙伴,而且围绕具体产品的谈判未能产生令人满意的结果时,美国政府必定实施贸易报复。美国国会之所以颁布"超级301条款",是因为考虑到"某些外国尤其是日本采取广泛且持续的不公平措施,保护本国市场,从而免受美国以及其他外国公司的竞争和冲击"[1]。当时,华盛顿的某些人认为出现了"日本冲击"[2]。美国著名学者、日本问题专家休·帕特里克(Hugh Patrick)曾指出[3],"20世纪80年代,日本带给美国很大的经济和技术挑战(有人会说是威胁)。日本目前是世界第二大经济体……(而且)与美国一样,在民用产品技术领域比任何西欧国家都拥有广泛得多的前沿技术。对美国而言,它还在很多重要的行业中拥有强大的竞争力,包括汽车、钢铁、消费电子、办公设备、半导体。"

1989年,美国将日本列为不公平贸易国,并开始就三种产品进行双边谈判——超级计算机、通信卫星和木材产品[4]。

---

[1] SENATE FINANCE COMMITEE REPORT ON OMNIBUS TRADE ACT OF 1987, S. REP. No. 71, 100th Cong., 1st Sess., 77 (1987), cited by Grier (1992) : 6.

[2] 可参阅:Tolchin's (1988) article in the New York Times titled "Japan-Bashing" Becomes a Trade Bill Issue.

[3] Patrick, Hugh T. (1990) "Section 301 and the United States-Japan Economic Relationship: Reflections on Kuroda", in Jagdish Bhagwati and Hugh T. Patrick (eds), Aggressive Unilateralism: America's 301 Trade Policy and the World Trading System, University of Michigan Press: Ann Arbor, Michigan.

[4] Grier, Jean H. (1992) "The Use of Section 301 to Open Japanese Markets to Foreign Firms", North Carolina Journal of International Law and Commercial Regulation, 17: 1~44.

第三章 GATT/WTO 框架下的市场经济地位问题

在这三个领域，日本政府都作了承诺要消除相关障碍，随后，美国政府也放弃了对日本的制裁威胁。同年，美国总统布什和日本首相宇野宗佑发起了 SII 会谈，虽然也提到了美国的一些问题，但讨论的重点是可能抑制日本进口的结构性障碍。1990 年 6 月发布的最终报告列出了美国敦促日本政府采取措施以纠正现状所涉及的 6 个领域分别为储蓄和投资模式、土地政策、生产分配制度、排他性商业做法、企业集团关系和定价机制。虽然 SII 中提出的一些问题实际上并未出现在 GATT 中，但与 GATT 的授权相关，比如商品分配和如何对待限制性商业就属于这一类。GATT 要求，在任何成员国内，国内和国外商品都要获得相同分销渠道，还要求非歧视地适应该成员国的竞争法。此外，还有一些其他问题，虽与 GATT 授权相去甚远，但对贸易结果仍然很重要，包括公共支出、土地利用政策以及日本大型企业集团之间的密切关系[①]。

那么，SII 的效果究竟如何？1985 年日美签订广场协议（Plaza Accord）导致日元迅速贬值。几年以后，日美双方继续

[①] 可参阅 Matsushita, Mitsuo (1991) "The Structural Impediments Initiative: An Example of Bilateral Trade Negotiation", Michigan Journal of International Law, 12: 436~449; Saxonhouse, Gary R. (1991) "Japan, SII and the International Harmonization of Domestic Economic Practices", Michigan Journal of International Law, 12: 450~471. Matsushita 提到了双方都对 SII 表示不满，该文在 436 页写道："毫无疑问，SII 在美国和日本都遭受批评。日本方面的批评主要是认为美国政府在竭力干预日本国内事务，而在美国有些批评则认为 SII 对于改变当前的贸易不均衡状况效果不大，即便有效果也是微乎其微。"

谈判又达成了 SII，该协议使进口在日本更具吸引力，而日本出口则放缓。因此，到 1990 年 6 月 SII 谈判结束时，日本和美国之间的贸易摩擦开始减少。尽管如此，日美贸易摩擦在某些领域，特别是高科技部门仍然持续了很长一段时间。美国时任总统经济顾问委员会主席、随后担任了美国国民经济研究局主席（1993—1996 年）的劳拉·德·安德烈·泰森（Laura D'Andre Tyson）于 1992 年出版了《谁在冲击谁》一书，在该书中他详细讨论了日美两国在高科技领域的贸易摩擦。20 世纪 90 年代初，日本资产价格泡沫的崩溃以及随之而来的"失去的十年"缓解了日美贸易的紧张形势。1990—2018 年，日本年均经济增速不到 2%，比美国低将近 1 个百分点。结果，日本和美国的 GDP 之比从 1991 年的峰值 40% 持续下降，到 2018 年仅为美国的 27%，这是自 1970 年以来的最低水平。同样，日本在国际贸易中的份额再也没有达到过 1990 年的峰值水平。日本已不再是威胁。尽管如此，美国确实在 SII 谈判中取得了一些胜利，这对贸易关系产生了影响。例如，日本修改了大规模零售法，在国内开设大型商店的条件有所放宽。

资料来源：Petros C. Mavroidis and Anadre Sapir, China and The World Trade Organization: Towards a Better Fit, Working Paper, Issue 06, 11 June 2019. 有删改。

自加入 WTO 至 2019 年，中国在 43 起案件中成为被告，其中 6 起已结案或终止，11 起仍在磋商中，有些案件已进行了很长时间。在剩下的 26 起案件中，19 起已经裁决，7 起案件仍悬而未决。在 19 起已经裁决的案件中，7 起案件涉及中国针对各种进口产品（来自欧盟、美国、加拿大和日本）采取的贸易救济措施。6 起案件涉及各种基本产品的出口关税（出口至欧盟、美国、日本和墨西哥）。3 起案件涉及影响汽车零部件进口的措施（来自欧盟、美国和加拿大）。1 起案件涉及影响电子支付服务的措施。1 起案件涉及知识产权的保护和执行。还有 1 起案件涉及某些媒体产品的交易权和分销服务。这 19 起案件中国最终都败诉了，但在所有案件中都遵守了 WTO 争端解决机制的建议[①]。

尽管美国一直是针对中国的最积极的申诉人（43 个案件中有 23 个申诉人为美国，19 个已裁决案件中有 8 个申诉人为美国），并且在每个已裁决案件中美国都取得了胜诉，但它也对 WTO 框架下的 DSM 极为失望。美国驻世贸组织大使在 2018 年中国贸易政策审议期间的声明如下[②]：

> WTO 的 DSM 并非旨在解决以下情况，WTO 成员选择了国家主导的贸易和投资政策，这些政策凌驾于市场力量之上，并奉行重商主义而非全球经济合作指导的政策。虽然 WTO 专家组或上诉机构发现中国的一些措施与其 WTO 义务相抵触，但根本问题仍未得到解决，因为许多最重要的中国政策和做法没有受到 WTO 规

---

① Petros C. Mavroidis and Anadre Sapir, China and The World Trade Organization: Towards a Better Fit, Working Paper, Issue 06, 11 June 2019.

② WTO Doc. WT/TPR/M/375 at §4.109.

则约束或受到中国在其《加入议定书》中作出的额外承诺的直接约束。

鉴于这种情况，美国开始寻找替代方案。

贝拉克·侯赛因·奥巴马（Barack Hussein Obama）设想的第一个替代方案是跨太平洋伙伴关系（The Trans-Pacific Partnership，TPP）协议。美国、日本和其他10个环太平洋国家（澳大利亚、文莱、加拿大、智利、马来西亚、墨西哥、新西兰、秘鲁、新加坡和越南）于2016年2月4日签署TPP协议，旨在建立一个占全球经济规模40%的集团，减少商品、服务和数据流动的贸易壁垒，制定新的投资标准和规则，涉及环境、劳工、知识产权保护和国有企业等内容。该协议在美国总统奥巴马任期结束时仍在等待美国国会批准，以便生效。TPP协议是奥巴马在亚太地区的核心经济战略，旨在遏制中国在环太平洋及其他地区的崛起。正如奥巴马在签署协议时所说："TPP允许美国而不是像中国这样的国家制定21世纪的规则，这在亚太这样一个充满活力的地区尤为重要[1]。"

第二个替代方案是301条款，由美国总统特朗普重新提出。2017年1月，特朗普上任后的行动之一是履行其竞选承诺，让美国退出TPP协议。竞选期间，特朗普还承诺在上任第一天就将中国列为"货币操纵国"。但在2017年4月接受《华尔街日报》采访时，特朗普改变了主意并表示说："中国不是货币操纵者。"

---

[1] Statement by the President on the Signing of the Trans-Pacific Partnership, 3 February 2016.

第三章 GATT/WTO 框架下的市场经济地位问题

但特朗普对人民币兑美元汇率的立场没有改变,他并不寻求与中国达成相关汇率协议,类似于 1985 年美国与日本签订的《广场协议》。然而,特朗普重新利用 301 条款,试图迫使中国国内发生变化,正如布什在 1989 年所做的,将日本称为不公平贸易国家,从而为 SII 谈判铺平了道路。301 条款在 20 世纪 80 年代和 20 世纪 90 年代被美国政府广泛使用,不仅针对日本,还针对美国其他贸易伙伴,迫使他们对美国开放市场,并且更好地向美国知识产权持有人提供保护。随着 1994 年 GATT 乌拉圭回合谈判结束和 WTO 成立,301 条款虽然仍保留在成文法中,但被降级为外交保护文书[①],原因主要有两个方面[②]:一是 WTO 在对美国具有巨大商业利益的领域引入了新的多边规则,包括《服务贸易总协定》和《知识产权与贸易知识产权协定》;二是随着上诉机构的成立以及在不遵守 DSM 裁决的情况下引入补救措施,DSM 比美国一直抱怨的相对缺乏效力的 GATT 体系更具约束性。

自 WTO 成立至特朗普担任总统,美国政府从未使用过 301 条款[③]。2017 年 8 月,特朗普要求美国贸易代表启动针对中国的 301 条款调查。2018 年 3 月,美国贸易代表告知特朗普,调查结

---

① 然而,301 条款仍被美国政府用于处理其与贸易伙伴的关系。尽管它在世贸组织法庭上没有效力,但它可以提醒美国政府警惕那些损害美国利益的外国贸易行为。因此,美国 301 条款与欧盟《贸易壁垒条例》(Trade Barriers Regulation)目的基本相同。

②③ Bown, Chad P. (2018) "Is the Global System Broken?" available at https://piie.com/commentary/opeds/global-trade-system-broken.

果如下[①]：

（1）中国利用外资所有权限制，包括合资企业要求、股权限制和其他投资限制，要求或迫使美国公司向中国实体进行技术转让。中国还利用行政审查和许可程序要求或施压技术转让，这会损害美国投资和技术的价值，削弱美国企业的全球竞争力。

（2）中国对美国公司的投资和活动施加了实质性的限制和干预，包括通过限制技术许可条款。这些限制剥夺了美国技术所有者讨价还价和制定基于市场的技术转让条款的能力。因此，寻求技术许可的美国公司必须以不公平地、有利于中国接受者的条款进行技术许可。

（3）中国指导并促进对美国的系统投资和收购，通过中国公司获得美国公司和资产，进而获得尖端技术和知识产权，并在中国政府产业政策规划中被认为非常重要的行业进行大规模技术转让。

（4）中国开发并支持未经授权的入侵和盗窃美国公司的计算机网络。这些行动为中国政府提供了未经授权获取知识产权、商业秘密或机密商业信息的机会，包括技术数据、谈判立场以及敏感和专有的内部商业通信，同时也支持了中国的战略发展目标，包括科技进步、军队现代化和经济发展。

---

① Presidential Memorandum on the Actions by the United States Related to the Section 301 Investigation, issued on 22 March 2018.

第三章 GATT/WTO 框架下的市场经济地位问题

基于这些调查结果，特朗普指示美国贸易代表采取适当行动，包括提高来自中国的商品关税，中美贸易摩擦由此愈演愈烈。需要强调的是，日本被认定为不公平贸易国家后，布什并未征收额外关税，而是启动了 SII 谈判。显然，现今的美中关系与 30 年前的美日关系大不相同。当时，美国和日本只是互相指责对方。如今，美国和中国的贸易摩擦影响到两国 50% 以上的货物贸易[①]。

此外，在中国入世 15 周年以后，美国仍不承认中国是市场经济国家。2018 年 7 月 26 日，美国常驻 WTO 大使谢伊和中国常驻 WTO 大使张向晨在 WTO 总理事会上围绕中国经济模式、社会主义市场经济展开了一场辩论，引起全球广泛关注。

美国驻 WTO 大使谢伊在 WTO 总理事会上谈到了中国经济模式及其对 WTO 的影响[②]。他的发言主要包括四个部分。第一部分为引言。他认为，国际贸易体系和 WTO 的基本原则是开放、市场化取向的政策，中国自 2001 年加入 WTO 以来一直偏离这个基本原则。如果说中国经济体量很小，那么政府主导的重商主义贸易投资方式不会对中国贸易伙伴以及 WTO 构成太大挑战，但问题是中国经济规模太大了，形势已非常严峻。第二部分名为"中国贸易破坏型的经济模式"。他认为，中国在"社会主义市场

[①] 2017 年，美国从中国进口 5 200 亿美元商品，向中国出口 1 900 亿美元商品。因此，美国特朗普政府 2018 年采取的贸易措施涉及美中进出口贸易的 50% 以上。

[②] Statement by Ambassador Dennis Shea, Views on China's trade-disruptive economic model and implications for the WTO, WTO General Council, Geneva, 26 July 2018, available at https://geneva. usmission. gov/2018/07/27/55299/, last accessed 30 September 2019.

经济"的名义下，由政府继续直接和间接地控制资源分配。中国的产业政策及宣称的发展中国家地位不仅损害了美国利益，也损害WTO其他成员国的利益。第三部分为中国的回应。他认为，中国主要以发布《中国与世界贸易组织》白皮书的形式回应外界批评，宣称严格履行了作为WTO成员的各项义务，但对美国及其他成员国指出的问题避而不谈。第四部分为总结。他认为，WTO必须改革，最好的方式就是中国主动作为，全面有效地接受开放的、以市场化为导向的政策。

中国常驻WTO大使张向晨随后针对谢伊的发言，特别是美国提交的《中国贸易破坏性的经济模式》文件进行了精彩的回应和反驳[1]。张大使认为，美国的文件至少有四方面问题：一是把自己的想法当作别人的立场甚至多边规则，二是评价政策性质和影响的标准缺乏一致性，三是论据和论点之间没有逻辑关系，四是论据的选择和使用缺乏严谨的态度。WTO一直支持成员国经济模式和贸易投资管理框架的多样性，各成员国也都相信市场的力量，尽管程度有所不同。当今世界市场经济不止一种模式，社会主义市场经济就是中国共产党领导的市场经济，使市场在资源配置中起决定性作用的同时也更好地发挥了政府作用。社会主义市场经济符合中国国情且已取得巨大成就，未来还会坚定不移地沿着这条道路走下去。

---

[1] 澎湃新闻.张向晨大使在世贸组织会议上反驳美国对中国经济模式的指责[Z/OL].（2018-07-29）[2021-09-08]. http://k.sina.com.cn/article_5044281310_12ca99fde02000j6qh.html?cre=tianyi&mod=pcpager_china&loc=17&r=9&doct=0&rfunc=100&tj=none&tr=9.

这场辩论异常精彩,针锋相对,但难分胜负。谢伊所代表的美国政府对社会主义市场经济的认识有其合理之处,但更多的是误解,甚至曲解。需要强调的是,美国对社会主义市场经济的这种认识,在日本、欧洲乃至整个西方世界仍有一定数量的拥趸。

第四章

欧美国家看社会主义市场经济

文化和制度多样性是人类社会发展的动力之源，也是20世纪40年代以来国际贸易体系正常运转的重要保障。西方发达国家的执政理念深受古典经济学、新自由主义、华盛顿共识和后华盛顿共识等一系列思潮影响，体现了亚当·斯密、哈耶克、弗里德曼、杰弗里·萨克斯（Jeffrey Sachs）、斯蒂格里茨、萨缪尔·亨廷顿、福山等知名学者的基本观点，把经济领域的自由市场、政治领域的西式民主，甚至更广泛的文化领域的西方文明捆绑在一起，是现代市场经济国家的应有之义。NME手段最早出现于《中国加入议定书》第15条[①]，主要服务WTO成员在对华发起反倾销和反补贴调查过程中确定价格可比性问题时参考使用，但依据第15条d项，NME这种方法应在中国入世15周年（2016年12月10日）后停止使用。2016年之后，欧美并未承认中国的市场经济地位，英国脱欧，欧盟对其多年贸易规则进行重大改革，美国特朗普政府上台并率先对进口中国钢铝产品加征关税，随后蔓延拓展至更多领域……全球新贸易保护主义倾向愈益明显，分裂

---

① Protocol on the Accession of the People's Republic of China, WT/L/432 (23 November 2001).

的特征和不确定性进一步增强。为此,一方面需要关注欧美国家在贸易领域针对社会主义市场经济的看法及其贸易救济规则的变化,特别是要警惕他们设定统一的市场经济国家标准,以所谓"共同的价值观"为名,拉拢盟友和伙伴建立现代市场经济国家联盟,施压WTO改革,并把市场经济问题从国际贸易领域拓展到政治外交领域,制造分裂和对立。另一方面,直面自身问题,全面深化改革,建设高标准社会主义市场经济体制,同时加强研究、解读和宣传工作,讲好中国社会主义市场经济的故事,增进中外相互理解,促进中外经贸合作与政治互信。

一、欧盟看社会主义市场经济

近年来,欧盟对其实行多年的贸易保护规则做出重大改革,引发广泛关注①。在这些改革中,最显著也是最有争议的部分就是欧盟反倾销调查的新方法(以下简称"新方法")。"新方法"主要针对一些因政府干预导致的市场扭曲②。欧盟引入"新方法",既是为了

---

① 关于此项改革的官方声明,可参阅:欧盟委员会.欧盟贸易保护:更严格、更有效的规则生效 [Z/OL].(2018-06-07).http://trade.ec.europa.eu/doclib/press/index.cfm?id=1859. 关于此项改革的详细内容,可参阅:Wolfgang Muller, "The EU's New Trade Defence Laws: A Two Steps Approach" in Marc Bungenberg et al. (eds) The Future of Trade Defence Instruments: Global Policy Trends and Legal Challenges (Switzerland: Springer, 2018): 45~62.
② STÉPHANIE NOËL and Weihuan Zhou, EU's New Anti-dumping Methodology and The End of The Non-Market Economy Dispute? Global Trade and Customs Journal , 2019, 14 (9), Forthcoming, AustLII, http://www.austlii.edu.au/au/journals/UNSWLRS/.

履行其作为 WTO 成员的义务——终止使用 NME 手段，也是迫于来自欧盟内部的政治需求——建立一套效力与此前做法相当的反倾销方法①。

2017 年 12 月 20 日，欧盟委员会正式发布《以贸易救济调查为目的的关于中华人民共和国经济严重扭曲的欧盟委员会工作报告》(以下简称《市场扭曲报告》)②。这份《市场扭曲报告》随后成为欧盟成员国对华发起反倾销的主要依据③。依据《市场扭曲报告》，"严重扭曲"指"当出口国生产商的价格和成本（包括原材料和能源成本），不是由自由市场力量决定而是受到政府大量干预时所出现的那些扭曲"。《市场扭曲报告》认为，在评估某个经济体是否存在"严重扭曲"时，主要关注以下单个或多个影响因素。

（1）有关市场在很大程度上服务于在出口国当局的所有权、控制权、政策监督或指导下运作的企业。

（2）国家干预企业的产品价格和成本。

---

① STÉPHANIE NOËL and Weihuan Zhou, EU's New Anti-dumping Methodology and The End of The Non-Market Economy Dispute? Global Trade and Customs Journal, 2019, 14 (9), Forthcoming, AustLII, http://www.austlii.edu.au/au/journals/UNSWLRS/.
② European Commission, Commission Staff Working Document on Significant Distortions in the People's Republic of China for the Purposes of Trade Defence Investigations. Brussels, 20.12.2017, SWD (2017) 483 final/2.
③ Commission Implementing Regulation (EU) 2019/1693 of 9 October 2019, imposing a provisional anti-dumping duty on imports of steel road wheels originating in the People's Republic of China, Official Journal of European Union (EN), 10.10.2019, L 259/15.

（3）有利于国内供应商或以其他方式影响自由市场力量的公共政策或措施。

（4）破产法、公司法或财产法的缺乏、歧视性适用或不充分执行。

（5）被扭曲的工资成本。

（6）获得公共政策支持的机构所提供的融资，或者不能独立于国家行事。

《市场扭曲报告》从三个不同角度考察评估中国经济。首先，考察了中国经济现状和经济结构的核心特征（第2—8章），包括《中华人民共和国宪法》及其他相关法律所界定的"社会主义市场经济"概念，这一部分的结论为"国家继续对资源配置和价格产生决定性影响"。其次，考察了中国土地、能源、资本、材料投入（如原材料）和劳动力等生产要素市场的相关规定（第9—13章）。该部分的结论为"中国各种生产要素的配置和定价很大程度上受国家影响"。最后，考察了钢铁、铝、化工和陶瓷等行业（第14—17章），之所以选中这些行业，是因为它们自乌拉圭回合谈判以来，在欧盟反倾销调查中最为突出。该部分的结论为"这些行业都存在严重扭曲"。

欧盟为何针对中国率先发布了《市场扭曲报告》？中国是欧盟的重要贸易伙伴，也是欧盟发起反倾销调查最多的国家。依据《中国加入议定书》第15条（d）项，WTO成员对中国发起反倾销调查使用的NME手段于2016年12月10日到期。在这期间，反倾销调查的举证责任在被调查方，即出口国的厂商要证明其企业或所在行业满足市场经济条件。NME手段有助于欧盟开展贸易救济措施，欧盟对华反倾销税率一直远高于欧盟对其他调查国的税率，约是后者的2倍。2016年12月11日之后，举证责任转移到了反倾销调查的发起方。为了不给欧盟范围内的企业增加举证负担，欧盟委员会主动发布了针对特定国家和地区的报告，欧盟企业可据此报告发起反倾销调查，同时举证负担大大降低[①]。

自2011年开始，欧盟委员会就倡议要改革欧盟的贸易救济制度，特别是反倾销措施。欧盟最关键的反倾销规则是欧洲议会、欧洲理事会于2016年6月8日联合发布的政策文件，即EU 2016/1036号文件。2017年12月20日，欧盟对EU 2016/1036号文件中的反倾销规则又做了进一步修正，主要是针对非市场经济体。修正之前，欧盟分别采用NME手段、成本调整法应对非市场经济体、市场经济体中的市场扭曲问题。修正以后，欧盟主要运用反倾销规则的第2.7条，应对两类来自非市场经济体的倾销问题。2.7（a）要求，欧盟进口这几个非市场经济国家[②]产品的正常价值由市场经济的第三替代国价格，或者该第三国出口至其他国家的产品价格来定。2.7（b）则对像中国、越南以及其他WTO中的非市场经济成员国，采取了相对软化的方法，即如果上述国家被调查的厂商可以证明其企业或企业所在行业满

[①] Sherzod Shadikhodjaev, Non-Market Economies, Significant Market Distortions, and the 2017 EU Anti-Dumping Amendment, Journal of International Economic Law, 2018, 21, 885~905, doi: 10.1093/jiel/jgy041.

[②] 阿尔巴尼亚、亚美尼亚、阿塞拜疆、白俄罗斯、格鲁吉亚、吉尔吉斯斯坦、摩尔多瓦、蒙古、朝鲜、塔吉克斯坦、土库曼斯坦和乌兹别克斯坦。

市场经济与统一大市场

足市场经济条件[①]，则采用标准条款和程序决定其产品正常价值，否则，使用 2.7（a）中的 NME 手段。被调查企业和行业显然很难满足欧盟所谓的市场经济条件。2006—2015 年，欧盟共发起 248 个反倾销调查请求，其中，只有 41 个（17%）被最终认为满足市场经济条件。2017 年修正后的文件调整了针对非市场经济体的基本规则，但并未改变针对市场经济体的成本调整法[②]。

欧洲审计院 2020 年发布了一份名为《欧盟针对中国国家驱动型投资策略的应对》的报告，认为自 20 世纪 80 年代以来，中国一直在推行"国家驱动型的投资战略"，如"一带一路""中国制造 2025"等，旨在形成强大的出口导向型经济。这对欧盟构成了挑战，因为中国作为经济主体，其重要性与日俱增，特别是受公共资金支持的国有企业成为中国这种投资战略的组成部分。在欧盟现行规则下，由成员国政府资助的，则被视为国家补贴。这种差异将使欧盟很难与中国进行公平竞争。要想更好地应对这种来自国家驱动的投资策略所带来的挑战，需要做好各种协调，

[①] 共有 5 条标准：一是企业关于价格、成本、原材料、技术和劳动力成本的投入要素、产量、销售和投资方面的决策都是依据反映供求关系的市场信号做出，没有明显的国家干预，以及主要投入要素的成本基本反映市场价值；二是企业有一套清晰的基本会计核算记录，能够依据国际会计准则进行独立核算，并且适用于所有目的；三是企业生产成本和金融状况不能受早期非市场经济体制引致的重大扭曲的影响，特别是在资产折旧、其他抵消项目、易货交易以及通过债务补偿形式给予的转移支付等；四是被调查企业要遵从破产法和产权法，对企业经营而言，这些法律可以保障法律确定性和稳定性；五是汇率市场化。

[②] Sherzod Shadikhodjaev, Non-Market Economies, Significant Market Distortions, and the 2017 EU Anti-Dumping Amendment, Journal of International Economic Law, 2018, 21, 885~905, doi: 10.1093/jiel/jgy041.

既包括欧盟层面各种机构与制度的协调,也包括各成员国之间的协调,还有相关信息的充分交流。同年底,中欧领导人共同宣布已完成中欧投资协定谈判,签署了《中欧全面投资协定》。依据欧盟委员会官方网站发布的文本内容,协定涉及领域远远超过传统双边投资协定,涵盖市场准入承诺、公平竞争规则、可持续发展和争端解决四方面内容。双方共同承诺《遵守联合国宪章》(1945年6月26日)、《世界人权宣言》(1948年12月10日),促进以高标准环境保护和劳工保护为前提的投资,包括应对气候变化和反对强迫劳动。在市场准入承诺方面,协定采取的是准入前国民待遇加负面清单模式。中方首次在包括服务业和非服务业在内的所有行业以负面清单形式作出承诺,实现与《中华人民共和国外商投资法》确立的外资负面清单管理体制全面对接。欧方也在协定中对我国承诺进一步放宽其市场准入范围。在公平竞争规则方面:第一,国有企业规则,中国要确保市场中的国有企业仅基于商业考虑做出决定,中国确保中国国有企业从欧洲公司购买商品和服务或向其出售商品和服务时不歧视欧盟企业,加强国有企业对欧盟投资者不利影响方面的信息共享和磋商,关于国有企业的争议可以诉诸协定争端解决机制;第二,补贴透明度规则,旨在加强补贴(特别是服务领域的补贴)透明度,承诺共享信息并就可能对欧盟投资利益产生负面影响的具体补贴进行磋商;第三,强制性技术转让相关规则,明确禁止强迫技术转让的投资要求,不得干涉技术许可的合同自由,保护商业秘密;第四,标准制定、审批和透明度规则,旨在确保欧盟公司平等参与标准制定,增强审批的可预测性,提高监管和行政措施的透明度，增强法律确定性、程序公平性和司法复审权（包括在竞争案件中）。

自 2020 年 6 月开始，欧盟委员会启动了全面贸易政策评估，为欧盟贸易政策方向寻求共识。2021 年 2 月 18 日，欧盟委员会向欧洲议会、欧盟理事会及欧洲经济与社会事务委员会递交了贸易政策审议文件，提及建立开放、可持续、坚定的贸易政策（以下简称"欧盟新贸易政策"）。"欧盟新贸易政策"由正文和附件两部分构成，该报告就未来 10 年欧盟贸易政策设定出 6 大主轴（见图 4.1）。

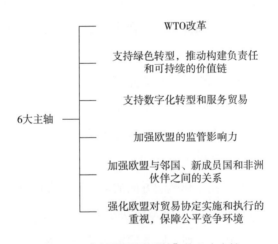

图 4.1　"欧盟新贸易政策"的 6 大主轴

关于 WTO 改革，欧盟委员会将围绕 WTO 规则进行谈判，以避免国家干预扭曲竞争，推行竞争中性原则。第一，应制定严格的产业补贴规则，提高补贴透明度，纳入更多的禁止性补贴和推定有害的补贴类别。应充分考虑绿箱补贴，特别是具有透明度并遵守规则的环境补贴和研发补贴。第二，应制定国有企业新规，使国有企业的商业活动符合在自由贸易和投资协定中已达成的共识，约束其市场扭曲行为。第三，制定其他相关规则，包括禁止强制技术转让、确保国内监管透明度、促进竞争等方面。

从"欧盟新贸易政策"关于WTO改革的表述来看，欧盟并不承认中国是市场经济国家，拟通过多种方式，研判和制定规则，解决竞争扭曲问题。

正如"欧盟新贸易政策"中所言，欧美日三边商谈已举行多次。欧美日三方贸易部长自2017—2020年共召开7次会议并发表联合声明。这7份联合声明，虽未明确点名中国，但显然主要针对中国，特别是社会主义市场经济。其中，第一份声明谈到"市场扭曲"，随后6份联合声明均又明确提及了"非市场化政策与实践"和"市场导向条件"。

二、美国看社会主义市场经济

美国政府对社会主义市场经济的看法，除了上述欧美日三方贸易部长联合声明所说的，还见诸美国在国内发布的政策文件和美国联合其他国家发起并通过有关国际组织发布的声明。

美国商务部将一个国家指定为非市场经济国家，仅适用于美国的贸易救济程序。在过去所有涉及中国产品的反倾销税调查和行政审查中，美国商务部都将中国视为非市场经济国家。即便在中国入世15周年以后，美国仍然违背《中国加入议定书》第15

条（d）项的规定，在针对中国产品的反倾销裁定过程中继续使用价格替代法。

不过，美国也有部分学者（如 Grunfeld, Desiderio, Lebowitz, Silverman 和 Klestadt 等）认为，美国应该承认中国的市场经济地位[①]。他们认为：中国开展了多项银行业改革，人民币完全可兑换；中国的工资由市场决定；中国在外商投资领域也进行了多项改革，如放宽外商投资审批要求；中国已宣布将在特定关键部门推进公司的私有化；与国有企业相比，中国对私营企业的贷款大幅增加；中国制定实施了破产改革法案，并在法治和产权领域进行了多项改革。

WTO 总理事会应美国和巴西代表团的要求于 2020 年 2 月 20 日发布了一份名为《市场导向条件对世界贸易体系的重要性》的文件。该文件引用了《马拉喀什宣言》（1994 年 4 月）序言中的表述，即"世界贸易体系应该是基于开放、市场导向的政策以及乌拉圭回合谈判协定中列出的各项承诺"，试图以此延伸说明，市场导向条件是世界贸易体系的基础，并给出了 8 条所谓的"市场导向条件"标准。该文件主要内容如下：

> 总理事会重申：WTO 的成立，旨在推动成员国经济体加入一个基于开放、市场导向政策与承诺的世界贸易体系之中，这些政策和承诺均已在乌拉圭回合谈判协定中列出。

[①] Leah Wils-Owens, China's Status as a Non-Market Economy, October 26, 2017, A-570-053, Investigation, Public Document, E&C VI: MJH/TB.

总理事会还重申：WTO 的成立体现了成员国希望加入一个更公平、更开放的多边贸易体系，从而增加其国民的利益和福祉。乌拉圭回合谈判期间，"许多发展中国家和前中央计划经济体都已实施了显著的经济改革和自主贸易自由化举措。"

总理事会对非市场导向政策和实践表示严重担忧。他们认为，这些非市场导向政策与实践已经损害了世界贸易体系，导致产能严重过剩，使大量工人和企业陷入不公平的竞争，阻碍创新技术的开发和应用，削弱了国际贸易应有的功能。

总理事会还申明：市场导向条件是自由、公平、互惠的世界贸易体系的基础，可以确保所有成员国的工人和企业公平竞争。

总理事会还申明：成员国的公民和企业应该置身于市场导向条件之中。总理事会特别提到，同时满足下列要素，方能表明市场导向条件成立。

（1）企业在价格、成本、投入、采购、销售方面的决策，均依据市场信号自由做出。

（2）企业投资决策是依据市场信号自由做出的。

（3）资本、劳动力、技术和其他要素的价格均是由市场决定的。

（4）企业或影响企业的资本配置决策是依据市场信号自由做出的。

（5）企业遵守国际认可的会计准则，包括独立审计。

（6）企业遵守符合市场规律且有效的公司法、破产法、竞争法、物权法，并且可以通过公正的法律程序来维护其权利，如独立的司法系统。

（7）企业可以自由获取其商业决策所需的相关信息。

（8）上述的企业商业决策过程中没有明显的政府干预。

2020年5月20日，美国总统办公室发布《美国对华战略方法》，认为中国并未实现自身入世承诺，保留了"非市场化的经济结构"，大量运用国家驱动的保护主义政策与做法，从而对美国构成了挑战。

自1979年中美建交以来，美国加强与中国交往，最初希望能借此加速中国经济改革与政治开放，从而成为全球舞台上一个富有建设性和责任心的伙伴（以公民为中心的、自由开放的经济体）。现在看来，这是失败的。过去20多年，改革放缓、停滞甚至倒退了。2001年中国加入WTO的时候，北京承诺支持WTO倡导的开放、市场导向型方式，WTO成员也期望中国持续推进经济改革，建成市场导向型经济与贸易制度。但中国未能兑现承诺，保留了非市场化的经济结构，在投资贸易中保留由国家主导的重商主义方法。

依据美国贸易代表办公室印发的《2021贸易政策议程和2020年度报告》，2021年美国总统约瑟夫·拜登（Joseph Biden）列出了10项贸易政策议程，其中有一项名为"采取综合战略解决中国胁迫性、不公平的贸易做法"，这些做法包括限制市场准入的关税和非关税壁垒，政府实施的胁迫性劳动项目，许多产业部门的产能过剩，通过不公平补贴、支持进口替代、出口补贴（包括出口资助融资支持）等产业政策，胁迫性技术转移和盗取知识产权等，以及对中外企业的差别、歧视性对待。这份文件在其

2020年度报告部分指出,美国于2020年1月29日与墨西哥、加拿大共同签署了美墨加协定(USMCA),共同反对补贴和非市场做法,"三方未来与非市场经济体进行贸易时,要解决不公平的货币操作、针对国有企业提供的补贴制定规则以及透明度等问题。"

戴琦于2021年3月18日就任美国政府第19任贸易代表,随后她开始与多国密集会谈,谋求合作。同年5月17日,她和美国商务部长吉娜·雷蒙多(Gina Raimondo)、欧盟委员会执行副主席瓦尔季斯·东布罗夫斯基斯(Valdis Dombrovskis)联合发表声明,提及美欧在"民主和市场经济"等方面有着相似的国家安全利益。同年6月,美国总统拜登在其访欧之前于《华盛顿邮报》撰文指出,"我们将重点确保由推行市场经济的国家——而非中国或其他什么国家来制订21世纪的贸易和技术规则。"拜登随后在访欧行程中依次与英国首相鲍里斯·约翰逊(Boris Johnson)、G7国家领导人、欧盟领导人进行会谈,分别签署并发布了《新大西洋宪章》(2021年6月10日)、《G7峰会联合公报》(2021年6月13日)、《美欧峰会联合声明》(2021年6月16日)。简短的《新大西洋宪章》共有8条内容,未明确提及中国,其第2条内容为"我们打算加强维持国际合作的机构、法律和规范,使其适应21世纪的新挑战,并防范那些会破坏它们的挑战。我们将通过基于规则的国际秩序来共同应对全球挑战,拥抱新兴技术的前景并管理其危险性,促进经济发展、维护工作尊严,并使国家间的贸易开放和公平"。《G7峰会联合公报》直接点名中国,"关于中国及其在全球经济中的竞争,我们将借助集体行动来应对非市场政策与实践带来的挑战。"《美欧峰会联合声明》

第15条指出,"我们决心团结一致,保护我们的企业和工人免受不公平贸易做法的影响,特别是那些由非市场经济国家构成的破坏世界贸易体系的做法。"第22条指出,"我们打算合作努力实现有意义的WTO改革……诸边机制可以提供一种手段,在多边解决方案不可能达成的情况下,解决新的贸易问题。我们打算更新WTO的规则手册,对工业补贴、国有企业的不公平行为以及其他扭曲贸易和市场的做法制定更有效的纪律。"10月5日,戴琦在美国智库——战略与国际问题研究中心(CSIS)发表演讲,详细阐述了美国对华贸易政策的主要目标、基本原则、重点工作和大致方案。

三、相关思考与应对策略

随着中国经济体量越来越大,中国在全球贸易中所占份额越来越高,特别是在中美关系持续紧张的背景下,欧美国家极有可能联合起来,与中国开展合作、竞争甚至系统性对抗。他们对内通过颁布实施相关法律法规和政策文件,对外通过双边、诸边或多边谈判,施压WTO,试图主导并重新制定全球贸易规则。作为中国经济体制和中国特色社会主义基本经济制度,社会主义市场经济成为欧美关切的焦点之一。国内各方须高度警惕,若处理不好,有可能成为新时代中国融入全球贸易的重大障碍,使得中国面临"二次入世"的潜在风险,甚至有可能在更多领域、更广阔的国际舞台上面临重大挑战。

总体来看,欧美对中国社会主义市场经济的关切呈现三大特征:第一,欧美日益关注中国的国有企业、规划体系、产业政策、产能过剩、强制性技术转让、政府干预及隐性担保等问题；第二，欧美已开始跳出 WTO 框架，尝试通过单边发布政策以及双、诸边会议及联合声明的形式，就中国"非市场化"政策与实践向 WTO 施压；第三，欧美试图联合制定市场导向条件或者市场经济国家标准，并将之推广应用。2018 年 5 月，欧美日三方贸易部长会议第三次联合声明中列出了 7 条市场导向条件，背后意图不言自明，即旨在联合制定统一的市场经济标准，解决诸多 WTO 成员的国内法中的市场经济标准不一致问题。其本质是否认不同的市场经济模式。

对此，我国应该加强对社会主义市场经济问题的研究、解读和宣传工作，具体建议如下。

第一，更换解读方式。目前，我国各界多用"有效市场＋有为政府"解读社会主义市场经济。这种解读虽可体现"更好发挥市场在资源配置中起决定性作用和更好发挥政府作用相结合"，但存在两方面局限：一是无法有效反驳欧美对社会主义市场经济的主要关切点，欧美国家认为党和政府对经济的干预超出正常范围，对资源配置发挥决定性作用；二是无法有效区分不同市场经济模式，不能说其他市场经济体的"市场不有效"或"政府不有为"。建议用"社会主义＋市场经济"解读社会主义市场经济，强调市场经济机制与社会主义制度相结合。

第二，突出共性标准。尽管存在不同市场经济模式，但其差异主要源于市场经济运行的制度及文化背景，单就市场机制本身而言，差异不大，市场都在资源配置中起决定性作用。过去 5 年，特别是新冠肺炎疫情暴发以来，全球化进程遭遇逆流，不确定、不稳定、分裂是这一时期世界形势的重要特征，中外经贸合作与人文交流面临严峻考验。然而，国内舆论侧重描述中外政治经济体制差异和中国特色，不利于增进共识和相互理解。建议凝练并突出社会主义市场经济与其他市场经济模式之间的共性标准，寻求扩大交集，搭建桥梁。

第三，强化理论支撑。1992年，党的十四大首次确立社会主义市场经济体制改革的目标。2020年，党的十九届四中全会首次把社会主义市场经济体制提升为社会主义基本经济制度之一。这是中国共产党领导和团结全国各族人民不断探索中国特色社会主义理论、不断开展中国特色社会主义建设实践的结果。迄今，各界对改革开放以来我国社会主义市场经济的发展过程非常熟悉，但理论发掘不够。建议在解析社会主义市场经济时，强化理论支撑：一是党对商品经济、价值规律、计划与市场关系等事物的认识升华与理论突破；二是政府干预自由市场以及宏观调控必要性的经济学理论；三是所有制中立及其有效性的经济学理论。

第四，注重定量研究。解析社会主义市场经济，既要进行定性描述，介绍我国颁布实施的相关法律法规与政策文件，又要注重定量研究，精确测度我国经济市场化进程。我们建议从政府行为规范化、经济主体自由化、生产要素市场化、贸易环境公平化、金融参数合理化这"5化"维度开展定量研究，编制并测度中国市场化指数。图文并茂，用数据说话，有助于更好地讲述社会主义市场经济的故事。

第五，收集微观案例。无论是从欧美倡导的市场导向条件来看,还是从他们近年启动的对华反倾销调查及征询问卷内容来看,欧美对社会主义市场经济的质疑焦点呈现两大变动趋势:一是从过去主要关注中国宏观政策取向变化转为重点突出中国微观企业决策自主;二是从过去主要关注中国产品贸易环节自由化程度转为现在重点突出中国产品全产业链自由化程度。故建议,解析社会主义市场经济,要从微观上收集企业,特别是外向型生产加工企业的全产业链数据和案例,研判其与"市场导向条件"的契合度,提前做好应对贸易救济调查的准备。

第六,引用国外观点。国外有很多著名专家学者、研究机构、国家领导人了解、见证甚至亲历了中国由计划经济向市场经济转型的过程,对社会主义市场经济持积极肯定态度。建议解析社会主义市场经济时,多多引用这类国外观点,增强说服力和可比性,尽量避免自说自话。

第七,正视现存问题。欧美对社会主义市场经济的质疑,有误解、曲解,亦有合理之处。《关于新时代加快完善社会主义市场经济体制的意见》(2020年5月)也明确指出了一些相关问题。因此,解析社会主义市场经济,要虚心接受批评,正视现存问题,采取有效措施,建设高标准的社会主义经济体制。

第五章

社会主义市场经济的本质特征

市场经济总与一定社会制度相结合，而并非在真空中运行。社会主义市场经济就是在社会主义条件下发展市场经济，是社会主义与市场经济的有机结合，以坚持社会主义基本经济制度为前提，同时坚持市场经济的共性标准[①]。

一、坚持社会主义基本经济制度

社会主义基本经济制度是决定经济发展方向的根本制度。党的十五大首次明确"公有制为主体、多种所有制经济共同发展，是我国社会主义初级阶段的一项基本经济制度"。党的十六大在坚持和完善公有制为主体、多种所有制经济共同发展的基本经济

[①] 杨瑞龙在《构建中国经济学的微观分析基础》一文（发表于《经济学动态》，2021年第3期）中认为，社会主义市场经济体制包含两个方面的重要规定性：一是坚持社会主义基本经济制度的前提；二是市场机制在资源配置中发挥决定性作用。我们在这里把社会主义市场经济的本质特征概括为两个方面，第一个方面是坚持社会主义基本经济制度，第二个方面是"坚持市场经济的共性标准"。关于第二个方面，我们认为，"市场机制在资源配置中发挥决定性作用"是市场经济最本质的特征，但使用"坚持市场经济的共性标准"涵盖的内容相对更全面。

制度的基础上,又提出了"两个毫不动摇",即"毫不动摇地巩固和发展公有制经济"和"毫不动摇地鼓励、支持和引导非公有制经济发展"。党的十八大进一步强调,"公有制为主体、多种所有制经济共同发展的基本经济制度,是中国特色社会主义制度的重要支柱,也是社会主义市场经济体制的根基。"党的十九届五中全会在社会主义基本经济制度上实现了理论突破[①],会议公报指出:"坚持和完善社会主义基本经济制度,推动经济高质量发展。公有制为主体、多种所有制经济共同发展,按劳分配为主体、多种分配方式并存,社会主义市场经济体制等社会主义基本经济制度,既体现了社会主义制度优越性,又同我国社会主义初级阶段社会生产力发展水平相适应,是党和人民的伟大创造。必须坚持社会主义基本经济制度,充分发挥市场在资源配置中的决定性作用,更好发挥政府作用,全面贯彻新发展理念,坚持以供给侧结构性改革为主线,加快建设现代化经济体系。要毫不动摇地巩固和发展公有制经济,毫不动摇地鼓励、支持、引导非公有制经济发展,坚持按劳分配为主体、多种分配方式并存,加快完善社会主义市场经济体制,完善科技创新体制机制,建设更高水平开放型经济新体制。"这是首次将社会主义分配制度和社会主义市场经济体制明确纳入社会主义基本经济制度范畴,而且在表述上不再沿用"社会主义初级阶段的基本经济制度"的说法,而是直接表述为"社会主义基本经济制度",标志着社会主义基本经济

---

① 周文,何雨晴.社会主义基本经济制度与国家治理现代化[J].经济纵横,2020(9).

制度更加成熟、定型,是应当长期坚持的基本经济制度①。

（一）公有制为主体，多种所有制经济共同发展

所有制结构是一种重要的生产关系，决定并体现社会制度的经济性质。中国经历漫长而曲折的实践探索和理论突破，确定将"公有制为主体、多种所有制经济共同发展"作为社会主义基本经济制度之一②。新中国成立初期，我国在社会主义经济建设中对马克思主义经典作家关于公有制相关论述存在教条主义和本本主义理解的误区，违背了经济发展的客观规律，认识上曾一度脱离生产力发展水平，片面、单纯、孤立地看待所有制问题，因此提出了"一大二公三纯"的所有制先进性标准。"一大"，即公有制规模越大越好。"二公"，即公有化程度越高越好。"三纯"，即社会主义的经济成分越纯越好。实践证明，这种压制和消灭私有制成分，一味急于过渡到单一的公有制结构做法，既不符合我国现实生产力的状况，更不利于社会生产力的发展，导致社会主义经济丧失活力和生机。1978年改革开放拉开序幕，党对社会主义基本经济制度进行重新审视，进一步明确我国正处于并将长期处于社会主义初级阶段，这一阶段的社会生产力发展水平尚未达到马克思所描述的共产主义社会的程度，因而也就决定了我国必须坚持"公有制为主体、多种所有制共同发展"的所有制结构，必

---

① 周文，何雨晴. 社会主义基本经济制度与国家治理现代化[J]. 经济纵横，2020（9）.

② Fan Shitao, From control of the commanding heights to control of the whole economy and back: Chinese ownership theories since 1949, 2021 working paper.

须坚持"两个毫不动摇",大力发展非公有制经济①。早在 1981 年 10 月,中共中央、国务院《关于广开门路,搞活经济,解决城镇就业问题的若干决定》提出,"在社会主义公有制经济占优势的根本前提下,实行多种经济形式和多种经营方式并存,是我党的一项战略决策,绝不是一种权宜之计。"②这是我们党第一次明确公有制为主体、多种所有制经济并存是社会主义社会的一项长期方针。1992 年 10 月,党的十四大报告在明确"我国经济体制改革的目标是建立社会主义市场经济体制"的同时提出,"以公有制包括全民所有制和集体所有制经济为主体,个体经济、私营经济、外资经济为补充,多种经济成分长期共同发展,不同经济成分还可以自愿实行多种形式的联合经营。"③1993 年 11 月,党的十四届三中全会通过的《中共中央关于建立社会主义市场经济体制若干问题的决定》提出,"坚持以公有制为主体、多种经济成分共同发展的方针。"④1997 年 9 月,党的十五大以基本经济制度的形式把"公有制为主体、多种所有制经济共同发展"确立下来,并对公有制为主体的内涵做了界定。2019 年 10 月,党的十九届四中全会对基本经济制度作出新概括,把按劳分配为主体、多

---

① 周文,何雨晴.社会主义基本经济制度与国家治理现代化[J].经济纵横,2020(9).
② 中共中央文献研究室.三中全会以来重要文献选编(下)[G].中央文献出版社,2011:296.
③ 中共中央文献研究室.十四大以来重要文献选编(上)[G].中央文献出版社,2011:17.
④ 中共中央文献研究室.十四大以来重要文献选编(上)[G].中央文献出版社,2011:458.

种分配方式并存和社会主义市场经济体制都纳入了基本经济制度范畴。

公有制为主体的所有制结构是我国整个经济制度的基础,决定了社会主义经济性质的总体格局①。从所有制的性质上看,一个社会生产关系的性质是由该社会占主体地位的所有制性质决定的。作为社会主义性质的国家,公有制是我国社会主义社会的根本经济制度和根本原则。改革开放伊始,邓小平就把社会主义根本原则概括为"一个公有制占主体,一个共同富裕"②,并反复告诫全党要始终坚持这两条根本原则。党的十八大以来,坚持"公有制主体地位不能动摇,国有经济主导地位不能动摇",这是保证我国各族人民共享发展成果的制度性保证,也是巩固党的执政地位和社会主义根本经济制度的重要保证。坚持以公有制经济为主体,才能把社会主义经济的本质特征和初级阶段的现实要求有机结合起来,进一步解放和发展生产力,使社会主义社会焕发出生机和活力。一方面,坚持以公有制经济为主体和国有经济为主导,有利于党引导市场经济的有序健康发展,提高国家调控经济的效能,避免市场经济的无序状态,增强经济系统的稳定性和高效性,从而显示我国社会主义市场经济比以私有制为主体的资本主义市场经济的制度优势。另一方面,坚持发展多种非公经济,有利于发挥多层次生产力和人力资源的作用,调动一切积极因素,促进就业、投资、科技、增长和开放,增强我国的内外竞争力和

---

① 程恩富、张福军.要注重研究社会主义基本经济制度[J].上海经济研究,2020(10).
② 邓小平.邓小平文选(第三卷)[M].北京:人民出版社,1993(111).

综合国力。

《中华人民共和国宪法》第 6 条规定:"中华人民共和国的社会主义经济制度的基础是生产资料的社会主义公有制,即全民所有制和劳动群众集体所有制。"第 7 条规定:"国有经济,即社会主义全民所有制经济,是国民经济中的主导力量。"第 11 条规定:"国家保护个体经济、私营经济等非公有制经济的合法的权利和利益。国家鼓励、支持和引导非公有制经济的发展,并对非公有制经济依法实行监督和管理。"

改革开放以来,为了更快地发展生产力和社会主义经济,我国先是实行公有制为主体,个体经济、私营经济和外资经济作补充和辅助,接着促进公有制为主体、多种经济成分共同发展,随后党的十五大又首次规定公有制为主体、多种所有制共同发展是社会主义初级阶段的基本经济制度,强调非公有制经济是社会主义市场经济的重要组成部分[1]。我国国情决定了非公有制经济是一个从允许发展,到补充发展,再到共同发展的历史过程。经过 40 多年的改革开放,我国非公有制经济发展迅速,对国民经济的贡献越来越大。民营经济已经成为推动我国发展的不可或缺的力量,成为企业就业的主要领域、技术创新的重要主体、国家税收的重要来源。我国经济发展能够创造中国奇迹,民营经济功不可没[2]。

---

[1] 程恩富、张福军.要注重研究社会主义基本经济制度 [J].上海经济研究,2020(10).

[2] 葛扬.社会主义基本经济制度的重大理论问题研究 [J].经济学家,2020(10).

（二）按劳分配为主体，多种分配方式并存

《中华人民共和国宪法》第 6 条规定："国家在社会主义初级阶段，坚持公有制为主体、多种所有制经济共同发展的基本经济制度，坚持按劳分配为主体、多种分配方式并存的分配制度。"随着党和政府对社会主义所有制结构认识的不断突破，我国分配制度的改革也在不断深化。

党的十一届三中全会就着手打破平均主义，恢复和贯彻按劳分配原则。为适应公有制为主体、多种所有制共同发展的所有制结构，1987 年 10 月，党的十三大报告首次提出"以按劳分配为主体、其他分配方式为补充"的社会主义分配制度，实行"以按劳分配为主体的多种分配方式和正确的分配政策"[①]。党的十四大进一步提出，要兼顾效率与公平。1993 年 11 月，党的十四届三中全会通过的《中共中央关于建立社会主义市场经济体制若干问题的决定》提出，"坚持以按劳分配为主体、多种分配方式并存的制度，体现效率优先、兼顾公平的原则。"[②]1997 年 5 月，党的十五大报告明确提出"坚持按劳分配为主体、多种分配方式并存的制度，把按劳分配和按生产要素分配结合起来""允许和鼓励资本、技术和管理等生产要素按贡献参与分配的制度"。党的十六大明确了生产要素按贡献参与分配的原则，党的十七大提出"初次分配和再分配都要处理好效率和公平的关系，再分配更加

---

① 中共中央文献研究室. 十三大以来重要文献选编（上）[G]. 中央文献出版社，2011：28.
② 中共中央文献研究室. 十四大以来重要文献选编（上）[G]. 中央文献出版社，2011：465.

注重公平"。党的十九届四中全会把"按劳分配为主体、多种分配方式并存"提升为社会主义基本经济制度,进一步指出要"健全劳动、资本、土地、知识、技术、管理、数据等生产要素由市场评价贡献、按贡献决定报酬的机制",并首次提出重视发挥第三次分配作用[①]。

按劳分配为主体的分配结构是所有制结构的利益体现,决定了共富共享的总体格局[②]。经济关系是由生产、分配、交换和消费等关系和环节构成的,它们之间相互联系、相互作用。生产决定分配,有什么样的所有制就有什么样的分配制度,以公有制为主体的所有制结构决定了以按劳分配为主体的分配制度。公有制主要承担着按劳分配的功能,而非公有制则主要实现按要素分配的功能。实行公有制与非公有制的分配功能互补,就是发挥两种分配功能的优势,使劳动所得和非劳动所得有机结合起来。按劳分配把劳动量作为个人消费品分配的主要标准,是按照劳动者提供的劳动数量和质量进行分配,多劳多得,少劳少得,体现了社会主义社会收入分配的公平性,让人民群众有更多获得感。它有助于把不断做大的"蛋糕"分好,让人民共享改革发展的成果,有助于逐步走向共同富裕。按生产要素分配就是社会根据资本、土地、知识、技术、管理、数据等生产要素在生产经营过程中的投入比例、产权关系和贡献大小所给予的报酬,为人民共享企业和

---

① 周文,何雨晴.社会主义基本经济制度与国家治理现代化[J].经济纵横,2020(9).

② 程恩富、张福军.要注重研究社会主义基本经济制度[J].上海经济研究,2020(10).

经济发展的成果提供了制度安排。

（三）社会主义市场经济体制

《中华人民共和国宪法》第 15 条规定："国家实行社会主义市场经济。国家加强经济立法，完善宏观调控。"

社会主义市场经济体制是一般经济资源配置的主要方式，决定了市场与政府双重调节的总体格局[①]。市场经济可与不同生产资料所有制相结合。对于如何实现社会主义基本经济制度与市场经济的有机结合，自党的十四大报告第一次明确提出我国经济体制改革的目标是建立社会主义市场经济体制以来，一直是我国积极探索的、带有全局性的大问题。两者相结合的关键在于创造它们之间相互融合、相互促进的有效机制，核心问题就是要正确处理政府与市场的关系。我们党对政府与市场关系的认识也经历了一个长期的不断深化的过程，从理论到实践，又从实践到理论[②]。新中国成立后，由于受苏联模式的影响，我国建立了高度集中的计划经济体制，然而由于计划经济的封闭性，统得过多、过死，严重束缚了生产力的发展。改革开放后，随着党对市场经济的认识不断深入，党的十一届三中全会开始提出要重视价值规律的作用，党的十二大提出"计划经济为主，市场调节为辅"的原则，此后"计划与市场内在统一的体制""计划经济与市场调节相

---

① 程恩富、张福军.要注重研究社会主义基本经济制度[J].上海经济研究，2020（10）.
② 周文，何雨晴.社会主义基本经济制度与国家治理现代化[J].经济纵横，2020（9）.

结合"的经济体制改革方案,都体现了我们党对计划与市场关系认识的重大转变。党的十四大正式提出,中国经济体制改革的目标是建立社会主义市场经济体制,标志着党对计划与市场关系认识的一个新飞跃。党的十五大提出"使市场在国家宏观调控下对资源配置起基础性作用",党的十六大提出"在更大程度上发挥市场在资源配置中的基础性作用",党的十七大提出"从制度上更好发挥市场在资源配置中的基础性作用"。党的十八届三中全会创造性地提出"市场在资源配置中起决定性作用和更好发挥政府作用",进一步深化了党和政府对市场经济规律的认识。党的十九届四中全会把社会主义市场经济体制上升到社会主义基本经济制度的高度,不但标志着具有中国特色的社会主义市场经济体制在实践中取得伟大成功,更是党和政府对社会主义市场经济的认识在理论上的重大突破[1]。

在市场经济条件下,政府与市场的关系一直是西方经济学界各个学派争论的焦点[2]。尽管西方经济学派别林立,但在政府与市场关系问题上只有两种主张:一个是经济自由主义,一个是国家干预主义。从市场机制运行的角度来看,上述两种主张的"对立"贯穿于西方经济学发展的整个过程,大致经历了"国家干预(重商主义)—经济自由(古典自由主义)—国家干预(凯恩斯主义)—经济自由(新自由主义)—国家干预(新凯恩斯主义)"的运动轨迹。"经济自由主义"和"国家干预主义"两种对立主

---

[1] 周文,何雨晴.社会主义基本经济制度与国家治理现代化[J].经济纵横,2020(9).

[2] 葛扬.社会主义基本经济制度的重大理论问题研究[J].经济学家,2020(10).

张的背后存在着"被动而为之"的共同点。西方国家采取"经济自由主义"或"国家干预主义",主要是根据各自国家经济走势而被动进行的"钟摆式"运动。当经济运行相对稳定时,经济自由主义就开始摆起,相反,当经济运行出现波动甚至危机时,国家干预主义就会摆起。虽然这两种主张相互对立,但其理论逻辑框架具有内在统一性,坚持共同的制度前提,即私有制和自由竞争的原则。作为国家干预主义集大成者的凯恩斯本人就是一个自由主义者,他强调国家干预但并不反对自由市场,只是反对"自由放任"。从本质上说,"国家干预主义"和"经济自由主义"的分歧不在于要不要进行国家干预,而是怎样进行国家干预。所以,在西方经济学中的国家或是政府摆脱不了"守夜人"的角色,只是在经济出现波动时需要其出来"救场"的权宜之计[①]。

与西方资本主义市场经济发展中自然形成的政府与市场关系不同,我国政府与市场的关系是在"双重转型"过程中形成的[②]。所谓双重转型,就是指体制转型和发展转型的结合或重叠[③]:一方面,要通过市场取向改革摆脱计划经济体制的束缚,以市场经济体制代替计划经济体制,这是体制转型;另一方面,要通过推进工业化实现传统农业社会向工业社会的转变,实现国家现代化,这是发展转型。党的十一届三中全会明确指出了我国计划经济体制的弊端,"现在我国经济管理体制的一个严重缺点是权力过于集中,应该有领导地大胆下放,让地方和工农业企业在国家

---

①② 葛扬.社会主义基本经济制度的重大理论问题研究[J].经济学家,2020(10).
③ 厉以宁.中国经济双重转型之路[M].北京:中国人民大学出版社,2013:2.

统一计划的指导下有更多的经营管理自主权。"[①] 党的十二大报告提出，"正确贯彻计划经济为主、市场调节为辅的原则，是经济体制改革的一个根本性问题。"[②] 党的十二届三中全会通过的《中共中央关于经济体制改革的决定》提出，"社会主义计划经济必须自觉依据和运用价值规律，是在公有制基础上的有计划的商品经济。"[③] 党的十三大报告明确提出，"社会主义有计划的商品经济的体制，应该是计划与市场内在统一的体制""新的经济运行机制，总体上来说应当是'国家调节市场，市场引导企业'的机制"[④]。党的十三届五中全会通过的《中共中央关于进一步治理整顿和深化改革的决定（摘要）》进一步强调，"改革的核心问题，在于逐步建立计划经济同市场调节相结合的经济运行机制。计划经济和市场调节相结合的程度、方式和范围，要经常根据实际情况进行调整和改进。"[⑤] 党的十四大在明确我国经济体制改革的目标是建立社会主义市场经济体制的同时，强调"要使市场在社会主义国家宏观调控下对资源配置起基础性

[①] 中共中央文献研究室. 三中全会以来重要文献选编（上）[G]. 中央文献出版社，2011：6.

[②] 中共中央文献研究室. 十二大以来重要文献选编（上）[G]. 中央文献出版社，2011：19.

[③] 中共中央文献研究室. 十二大以来重要文献选编（中）[G]. 中央文献出版社，2011：56.

[④] 中共中央文献研究室. 十三大以来重要文献选编（上）[G]. 中央文献出版社，2011：23.

[⑤] 中共中央文献研究室. 十三大以来重要文献选编（中）[G]. 中央文献出版社，2011：139.

作用"①。此后,党的历次重要会议都强调市场在资源配置中的基础性作用。党的十七大报告指出,"要深化对社会主义市场经济规律的认识,从制度上更好发挥市场在资源配置中的基础性作用,形成有利于科学发展的宏观调控体系"②,这里把市场在资源配置中的基础性作用提升到制度层面,并将其视为宏观调控的重要内容③。党的十八届三中全会首次提出,使市场在资源配置中起决定性作用和更好发挥政府作用,认为"市场决定资源配置是市场经济的一般规律,健全社会主义市场经济体制必须遵循这条规律,着力解决市场体系不完善、政府干预过多和监管不到位等问题"④。党的十九大报告提出:"着力构建市场机制有效、微观主体有活力、宏观调控有度的经济体制。"⑤

社会主义市场经济与资本主义市场经济的本质区别在于基本经济制度。公有制决定了社会主义市场经济中的政府不是"守夜人",而是"主导者",充分体现了政府在健全宏观调控、加强市场监管、优化公共服务、保障公平正义、保护生态环境、维护国

---

① 中共中央文献研究室.十四大以来重要文献选编(上)[G].中央文献出版社,2011:16.
② 中共中央文献研究室.十七大以来重要文献选编(上)[G].中央文献出版社,2011:17.
③ 葛扬.社会主义基本经济制度的重大理论问题研究[J].经济学家,2020(10).
④ 中共中央文献研究室.十八大以来重要文献选编(上)[G].中央文献出版社,2018:513.
⑤ 中共中央文献研究室.十九大以来重要文献选编(上)[G].中央文献出版社,2019:21.

家安全、促进共同富裕方面的主导作用[①]。更好发挥政府作用,还要使"市场在所有能够发挥作用的领域都充分发挥作用,推动资源配置实现效益最大化和效率最优化,让企业和个人有更多活力和更大空间去发展经济、创造财富"[②]。

二、坚持市场经济的共性标准

社会主义市场经济,既坚持社会主义基本经济制度,体现社会主义性质,又坚持现代市场经济的共性标准,妥善处理政府与市场之间的关系。

北京师范大学中国市场经济研究中心长期跟踪研究中国市场经济理论与实践问题,编制市场化指数,动态监测中国市场化改革绩效,发布《中国市场经济发展报告》(以下简称《市场经济报告》)。《市场经济报告》根据现代经济理论对市场经济的概括,从国内外市场经济发展的历史和现实出发,借鉴美国、欧盟、加拿大对市场经济标准的法律界定,提出了判定市场经济国家的五条带有共性的标准,即政府行为规范化、经济主体自由化、生产要素市场化、贸易环境公平化、金融参数合理化,并据此构建了由 34 个二级指标组成的市场化指数(见表 5.1)。

从表 5.1 可知,市场化指数指标体系的构建,遵循了"总体—因素—子因素—指标"的四层次评价框架,提出了测度市场经济

---

① 张宇.社会主义基本经济制度是党和人民的伟大创造 [N].人民日报,2020-01-10(9).
② 习近平.论坚持全面深化改革 [M].北京:中央文献出版社,2018:106.

发展程度的五大因素。

表 5.1 市场化指数的构成指标

五大因素	子因素	指标说明
政府行为规范化	政府财政负担	（1）政府消费占 GDP 的比重
		（2）企业所得税(含费)平均税率
	政府对经济的干预	（1）政府投资占 GDP 的比重
		（2）政府转移支付和政府补贴占 GDP 的比重
		（3）政府人员占城镇从业人员的比重
经济主体自由化	非国有经济的贡献	（1）非国有经济固定资产投资占全社会固定资产投资的比重
		（2）城镇非国有单位从业人员占城镇从业人员比重
		（3）非国有经济创造的增加值占 GDP 比重
		（4）非国有经济税收占全社会税收的比重
		（5）非国有经济进出口总额占全部进出口总额比重
	企业运营	（1）财政对国有企业的亏损补贴占 GDP 比重
		（2）经营者由市场选聘的企业比例
		（3）拥有决策自主权的企业比例
生产要素市场化	劳动与工资	（1）分地区常住人口与户籍人口数之差占户籍人口比重
		（2）行业间职工人数变动率
		（3）工资由雇主和雇员自愿谈判决定的企业比例
	资本与土地	（1）全社会固定资产投资中外资、自筹和其他资金所占比重
		（2）外国直接投资占全社会固定资产投资的比例
		（3）外方注册资金占外商投资企业总注册资金的比重
		（4）城镇土地使用权的拍卖面积占土地使用权出让面积的比例

续表

五大因素	子因素	指标说明
贸易环境公平化	贸易产品定价自由度	(1) 社会消费品零售总额中市场定价的比重
		(2) 农副产品收购总额中市场定价比重
		(3) 生产资料销售额中市场定价比重
	对外贸易自由度	(1) 平均关税税率
		(2) 从国际贸易中获得的税额占进出口额的比重
	法律对公平贸易的保护	(1) 违反不正当竞争法规的案件立案查处率
		(2) 知识产权案件中立案查处率
金融参数合理化	银行与货币	(1) 非国有银行资产占全部银行资产的比重
		(2) 非国有金融机构存款占全部金融机构存款的比重
		(3) 三资乡镇个体私营企业短期贷款占金融机构全部短期贷款的比重
		(4) 最近五年通货膨胀率的平均值
	利率与汇率	(1) 各种金融机构一年期贷款利率全距系数
		(2) 资本项下非管制的项目占项目总数的比例
		(3) 人民币对美元汇率与新加坡无交割远期汇率月平均差偏离度

资料来源：北京师范大学经济与资源管理研究所. 2003 中国市场经济发展报告（校订本）[M]. 北京：知识产权出版社，2021：290～291.

（一）政府行为规范化

欧美关注政府作用问题，具体包括政府对自然资源以及资本和人力资本资源的占有、分配与控制问题，政府对国民经济运行的控制和管理权限问题，政府对生产（谁来生产、生产什么、生产多少、为谁生产）的控制（涉及企业的产权制度、利润分配与破产机制）问题，政府对国际和国内贸易的控制问题，政府对中介组织的控制（如商会和行会）问题，等等。这些问题归根结底是资源由政府配置还是由市场配置，资源的使用和定价是由市场决定还是由政府决定，政府是否尊重和保护经济主体在经营方面的自主权利，是否给予企业不公平的待遇，用一句话讲，即市场经济中的政府作用及政府与企业的关系是怎样的。《市场经济报告》将这些概括为"政府行为规范化"。"政府行为规范化"下设"政府的财政负担"和"政府对经济的干预"两个子因素。"政府的财政负担"衡量占有和支配资源的程度。政府控制的资源越多，给市场体系造成的不良影响越大，市场机制的扭曲程度也就越大。"政府对经济的干预"衡量政府参与私人部门商业活动的程度。政府干预经济的程度越高，公众在经济活动中的自由就越少。

（二）经济主体自由化

美国商务部关心企业的产出数量和价格决策有没有政府介入，企业有没有自主的经营和出口权，有没有选择管理层、分配利润和弥补亏损的独立决定权，在签订合同过程中有没有自主权，尤其是出口企业在这些方面的权利。欧盟同样关心企业决定出口价格和出口数量的权利，关心企业有没有符合国际财会标准的基础会计账簿，是否有融资和向国外转移利润的权利，有没有自由开展商业活动的权利。加拿大政府有关机构所关心的除上述几方面外，还包括企业所有制形式及国有企业改制情况等。归根结底，他们是想确定企业的产销活动是市场化的，还是行政化的。总的来说，这一条主要是讲企业的权利和行为，《市场经济报告》将这条概括为"经济主体自由化"。"经济主体自由化"下设"非国有经济的贡献"和"企业运营"两个子因素。"非国有经济的贡献"

衡量非国有经济主体在经济活动中的地位。相对国有经济主体而言，非国有经济主体更符合市场经济的规则，因此，非国有经济主体在经济活动中的分量越大，全部经济主体的自由化程度就越高。"企业运营"衡量包括国有经济主体在内的所有经济主体自主安排经营活动的程度。企业的自主权越高，企业配置资源的权利越大，越符合市场经济规则。

（三）生产要素市场化

美国商务部关心一国政府对资源的控制程度，关心产品投入是否以市场价格支付。欧盟关心的是市场能否决定投入要素的价格，以及企业成本的真实性。加拿大政府有关机构关心的是国有企业要素的价格，包括原材料、能源、劳动力成本以及产品数量、价格是如何确定的。总之，欧美关心生产要素，如原材料价格、劳动力工资等是否由市场供求决定，这完全是可以理解的，因为投入品价格关系到产出品成本，直接影响产品价格，进而与反倾销直接相关。所以，任何进口国都会特别关注出口国产品生产成本的真实性及其价格形成规则。《市场经济报告》将这条概括为"生产要素市场化"。"生产要素市场化"下设"劳动与工资"和"资本与土地"两个子因素。"劳动与工资"衡量劳动力自由流动和工资由市场决定的程度，"资本与土地"衡量资本和土地由市场配置的程度。劳动力、资本和土地是三大基本生产要素，这三种要素的市场化程度从更深的层次上反映了整体经济的市场化程度。

(四)贸易环境公平化

欧美国家还关心贸易环境与条件问题。具体包括:在国际贸易和国内贸易中,交易活动是自由的,还是被压制的;市场基础设施和市场立法及司法是否健全;市场中介是否具独立性,起什么样的作用;贸易政策中的企业定价是否是自主的;政府是如何管理出口贸易和出口企业的;企业是否有商业活动的自由。《市场经济报告》将这条概括为"贸易环境公平化"。"贸易环境公平化"下设"贸易产品定价自由度""对外贸易自由度"和"法律对公平贸易的保护"三个子因素。"贸易产品定价自由度"衡量商品和服务的价格由市场决定的程度。市场供求决定价格的机制是市场经济的核心,市场形成价格是市场经济的基本条件。"对外贸易自由度"衡量对外贸易的开放程度。市场经济是开放的经济,"对外贸易自由度"越高,国内外市场越统一。"法律对公平贸易的保护"衡量一个国家市场经济法律健全的程度,保护程度越高,说明市场经济体制越有效。

(五)金融参数的合理化

欧美特别关注反倾销的被调查国的利率和汇率是否由市场形成,本币是否可兑换或其可兑换程度,利率在不同企业、内外贸易部门、不同产业中是否有差异,企业金融状况是否遭受经济体制扭曲的影响,企业是否有向国外转移利润或资本的自由,企业换汇及存汇方式是否自主,等等。概括地讲,他们关心利率和汇率这两大金融参数的形成和适用范围中的公平性,进而涉及这些参数的形成基础,即金融体制的合理性问题,《市场经济报告》

将这条概括为"金融参数合理化"。"金融参数合理化"下设"银行与货币""利率与汇率"两个子因素。非国有银行的作用以及利率和汇率形成机制的灵活性，都是判断市场化改革绩效的重要标准。

（六）市场化指数构成指标的评分方法

市场化指数的构成指标，采用 5 分制评分方法，即指标评分等级分为 1 分、2 分、3 分、4 分及 5 分五个等级。1 分说明该领域的市场化程度最高，1 分所在的区间为评分的上限区间。而 5 分则说明该项指标或因素所反映的市场化程度最低，5 分所在的区间为评分的下限区间。1978—2019 年中国经济的市场化指数 5 分制情况及折算成 100 分制的结果如下（见表 5.2）。

表 5.2　中国市场化指数及五大类因素得分情况（1978 — 2019 年）

因素名称 年份	政府行为规范化	经济主体自由化	生产要素市场化	贸易环境公平化	金融参数合理化	总指数（5 分制）	总指数（100 分制）
1978	3.25	4.90	4.33	5.00	4.50	4.40	15.08
1979	3.42	4.90	4.33	5.00	4.50	4.43	14.25
1980	3.25	4.90	4.33	5.00	4.50	4.40	15.08
1981	3.42	4.80	3.83	5.00	4.63	4.34	16.88
1982	3.42	4.80	3.50	5.00	4.50	4.24	18.92
1983	3.58	4.80	3.83	5.00	4.63	4.37	15.79
1984	3.17	4.80	3.83	5.00	4.63	4.29	17.88
1985	3.17	4.70	3.83	5.00	4.63	4.27	18.38
1986	3.00	4.70	4.00	5.00	4.63	4.27	18.38

续表

因素名称 年份	政府行为规范化	经济主体自由化	生产要素市场化	贸易环境公平化	金融参数合理化	总指数（5分制）	总指数（100分制）
1987	3.00	4.70	3.83	5.00	4.50	4.21	19.83
1988	2.75	4.70	4.00	5.00	4.63	4.22	19.63
1989	3.00	4.70	3.83	5.00	4.50	4.21	19.83
1990	3.42	4.70	3.67	4.67	4.50	4.19	20.25
1991	3.42	4.60	3.83	4.56	4.38	4.16	21.10
1992	3.25	4.50	3.67	4.00	4.38	3.96	26.04
1993	2.58	4.23	3.33	3.78	4.25	3.64	34.11
1994	2.75	3.9o	3.00	3.56	4.25	3.49	37.72
1995	2.58	3.53	3.00	3.56	4.21	3.38	40.60
1996	3.08	3.37	2.83	3.22	4.21	3.34	41.43
1997	2.58	3.00	2.83	2.56	4.04	3.00	49.93
1998	2.33	3.00	2.50	2.44	3.63	2.78	55.49
1999	2.58	2.73	2.83	2.33	3.46	2.79	55.29
2000	2.58	2.57	2.67	2.22	2.83	2.57	60.64
2001	2.58	2.30	2.33	2.06	2.88	2.43	64.26
2002	2.58	2.37	2.33	2.06	2.71	2.41	64.76
2003	2.50	1.93	2.33	1.78	3.04	2.32	67.07
2004	2.50	1.87	2.33	1.78	2.42	2.18	70.53
2005	2.50	1.60	1.83	1.44	2.42	1.96	76.03
2006	2.50	1.60	1.83	1.61	2.42	1.99	75.19
2007	2.50	1.57	1.67	1.61	2.42	1.95	76.19
2008	2.50	1.57	1.50	1.44	2.71	1.94	76.40
2009	2.50	1.47	1.50	1.33	2.25	1.81	79.75

市场经济与统一大市场

续表

因素名称 年份	政府行为规范化	经济主体自由化	生产要素市场化	贸易环境公平化	金融参数合理化	总指数（5分制）	总指数（100分制）
2010	2.50	1.47	1.33	1.17	2.25	1.74	81.42
2011	2.50	1.30	1.00	1.17	2.54	1.70	82.46
2012	2.75	1.37	1.33	1.17	2.54	1.83	79.21
2013	2.75	1.20	1.00	1.33	2.13	1.68	82.96
2014	2.75	1.20	1.33	1.17	1.92	1.67	83.17
2015	2.58	1.20	1.33	1.33	1.50	1.59	85.25
2016	2.33	1.20	1.33	1.33	1.50	1.54	86.50
2017	2.67	1.20	1.33	1.33	1.67	1.64	84.00
2018	2.67	1.20	1.33	1.17	1.67	1.61	84.80
2019	2.67	1.20	1.50	1.17	1.67	1.64	83.95

资料来源：林永生，杨惠童，孟辰雨."双碳"目标约束下的改革发展之路[J].中国经济报告.2021（5）.

从表5.2可知，改革开放以来，中国市场化改革效果显著，特别是1992年中国正式确立"社会主义市场经济体制"的目标以后，市场化进程明显加快，市场化程度逐年提高：按5分制标准（分值越低，市场化程度越高），由1978年的4.40分下降到2019年的1.64分，按百分制标准（满分为100分，分数越高，市场化程度越高），由1978年的15.08分，增加到2019年的83.95分。根据《市场经济报告》预设标准，60分是市场经济标准的临界水平，超过60分就成为市场经济国家，80分到100分属于成熟市场经济的区间，因此，2000年中国市场化指数为60.64，已经成为市场经济国家，不过仍处于发展阶段。自2010

年开始,中国市场化指数已经超过 80 分,步入了成熟的市场经济国家之列。

从市场化指数五大类构成因素的评分来看,各类因素的市场化程度都有长足进步。表 5.3 给出了 2009 年以来我国市场化指数五大类因素及子因素得分情况。

综合图 5.1 和表 5.3 可知,"贸易环境公平化"因素的评分从 1978 年的 5.00 分降到 2019 年的 1.17 分,得分下降幅度最大,反映了"贸易环境公平化"的市场化程度提高最快。其中,"贸易产品定价自由度"得分一直保持在 1.00 分。"对外贸易自由度"得分基本保持稳定,2009 年和 2019 年得分都为 1.00 分。"法律对公平贸易的保护"得分从 2009 年的 2.00 分下降至 2019 年的 1.50 分,中间略有波动,该子因素在 2010—2012 年以及 2014 年的市场化程度最高,得分均为 1.00 分。

下降幅度紧随其后的是"经济主体自由化",得分由 4.90 下降到 1.20。其中,"非国有经济的贡献"和"企业运营"的得分逐年下降,变化趋势较为平稳,反映这些领域的市场化程度不断提高。

"生产要素市场化"和"金融参数合理化"这两类因素在 1978—2019 年这几十年间,下降幅度都为 2.83 分,高于市场化总指数的下降幅度。"生产要素市场化"得分基本保持稳定,2009 年和 2019 年得分都为 1.50 分,其中"劳动与工资"的得分有所波动,"资本与土地"的得分没有变化,为 1.00 分。在 2009—2019 年,"金融参数合理化"因素评分下降幅度最大,从

市场经济与统一大市场

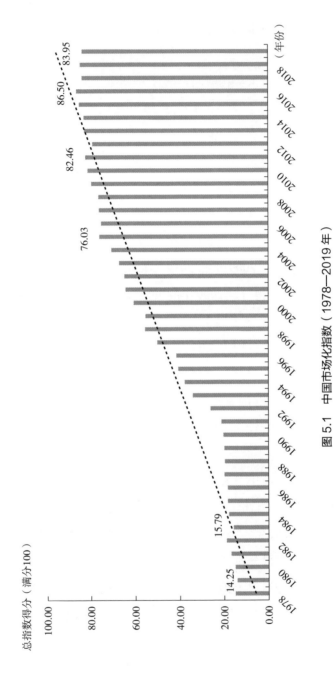

图 5.1 中国市场化指数（1978—2019 年）

资料来源：北京师范大学中国市场经济研究中心课题组测算，2020 年。

表5.3 中国市场化指数五大类因素及子因素得分情况（2009—2019年）

年份		2009	2010	2011	2012	2013	2014	2015	2016	2017	2018	2019
政府行为规范化		2.50	2.50	2.50	2.75	2.75	2.75	2.58	2.33	2.67	2.67	2.67
子因素	政府的财政负担	2.00	2.00	2.00	2.50	2.50	2.50	2.50	2.00	2.00	2.00	2.00
	政府对经济的干预	3.00	3.00	3.00	3.00	3.00	3.00	2.67	2.67	3.33	3.33	3.33
经济主体自由化		1.47	1.47	1.30	1.37	1.20	1.20	1.20	1.20	1.20	1.20	1.20
子因素	非国有经济的贡献	1.60	1.60	1.60	1.40	1.40	1.40	1.40	1.40	1.40	1.40	1.40
	企业运营	1.33	1.33	1.00	1.33	1.00	1.00	1.00	1.00	1.00	1.00	1.00
生产要素市场化		1.50	1.33	1.00	1.33	1.00	1.33	1.33	1.33	1.33	1.33	1.50
子因素	劳动与工资	2.00	1.67	1.00	1.67	1.00	1.67	1.67	1.67	1.67	1.67	2.00
	资本与土地	1.00	1.00	1.00	1.00	1.00	1.00	1.00	1.00	1.00	1.00	1.00
贸易环境公平化		1.33	1.17	1.17	1.17	1.33	1.17	1.33	1.33	1.33	1.17	1.17
子因素	贸易产品定价自由度	1.00	1.00	1.00	1.00	1.00	1.00	1.00	1.00	1.00	1.00	1.00
	对外贸易自由度	1.00	1.50	1.50	1.50	1.50	1.50	1.50	1.50	1.50	1.00	1.00
	法律对公平贸易的保护	2.00	1.00	1.00	1.00	1.50	1.00	1.50	1.50	1.50	1.50	1.50
金融参数合理化		2.25	2.25	2.54	2.54	2.13	1.92	1.50	1.50	1.67	1.67	1.67
子因素	银行与货币	2.50	2.50	2.75	2.75	2.25	2.50	2.00	2.00	2.00	2.00	2.00
	利率与汇率	2.00	2.00	2.33	2.33	2.00	1.33	1.00	1.00	1.33	1.33	1.33

资料来源：北京师范大学中国市场经济研究中心课题组依据相关统计数据计算得出。

2.25分下降至1.67分，说明其市场化进程最快，这主要得益于其子因素"利率与汇率"得分的下降，由2.00分下降至1.33分。

过去四十多年，"政府行为规范化"的得分下降幅度最小，仅为 0.58 分，该项 1978 年的得分在五大因素中最低，但 2019 年变为最高，由此表明，该领域的市场化改革绩效在五大类因素中属于最低。对这一现象要做具体分析，政府对经济的干预逐年下降，但财政负担保持稳定，甚至略有增加，这和新时代基本国情密切相关。一方面，人口基数大，人口红利持续下降，部分地区已经步入老龄化社会，养老、教育、医疗等领域仍需强化政府职责，加大财政保障力度。另一方面，我国还处于城镇化、工业化"双加速"阶段，城乡、地区、行业之间发展不平衡、不协调的现象仍很严重。解决这些问题，通常需要政府利用财政税收、补贴和转移支付等措施以缩小各种差距，促进平衡、协调发展。随着中国经济社会发展的可持续性逐渐增强，同时引入社会资本参与到更广泛的领域里，可以预见，财政负担会大幅下降，政府行为会更加规范。

加拿大弗雷泽研究所（The Fraser Institute）测算的世界经济自由度指数是国际上引用较为广泛，亦可近似衡量经济自由化或市场化程度的代表性指标。弗雷泽研究所的世界经济自由度指数旨在测算国家和地区的机构设置、运转功能以及政策与经济自由的契合程度，包括 5 个方面，即政府规模、法制与产权、货币政策合理性、对外贸易自由度、管制程度。其 2021 年发布了全球 165 个国家和地区经济自由度指数，满分为 10 分，中国得分为 6.53，排第 116 名。图 5.2 给出了中国经济自由度指数 5 个指标的得分及排名情况。

从图 5.2 可知，在中国经济自由度指数的 5 个构成指标中，货币政策合理性的指标得分最高（8.4 分），法制与产权的指标得分最低（5.15 分），但法制与产权的指标排名最高（第 82 名），管制程度的指标排名最低（第 138 名）。

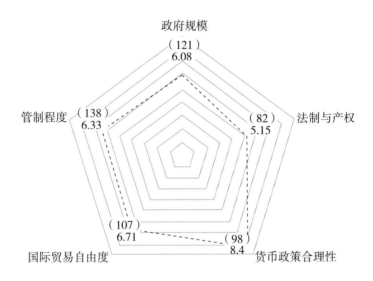

图 5.2　中国经济自由度指数 5 个指标得分及排名情况（2019 年）

说明：指标满分为 10 分，分数越高表示该领域经济自由度越高。数据源自弗雷泽研究所官方网站，https://www.fraserinstitute.org/economic-freedom/map?page=map&year=2019&geozone=world &countries=CHN. 最后访问时间：2021 年 11 月 19 日。

虽然市场化指数和经济自由度指数的具体指标构成略有差异，但均可近似反映一国对市场经济规律的遵循程度，体现了市场经济发展水平。若都折算成百分制的话，2019 年，中国市场化指数为 83.95 分，中国经济自由度指数为 65.30 分。因此，即便依据经济自由度指数，中国也已经步入了市场经济国家之列。

当然,在未来建设高水平社会主义市场经济体制的过程中,要注重放松管制程度,进一步释放经济主体活力,还要适度缩减政府规模,促进国际贸易自由化。

第六章

社会主义市场经济的法治保障

社会主义市场经济本质上是法治经济。党和政府高度重视法治建设,不断加强经济立法工作,立足国情并借鉴国外经验,制定了一系列旨在调整市场经济关系的法律法规,涉及产权保护、公平竞争、市场建设、市场监管等方面。我国社会主义市场经济法律制度不断完善,司法综合配套改革稳步推进,行政调查执法渐趋成熟。我国各类市场主体的经济活动愈加市场化、法治化和国际化,营商环境持续优化。展望未来,在全面加强依法治国和建设高水平社会主义市场经济体制过程中,要更加注重经济领域的司法和执法环节,做到公正司法、严格执法。

一、中国法律体系关于社会主义市场经济的条款

法治是建立现代市场经济的重要基石,完备的法律制度和法治理念是市场良好运作的前提。社会主义市场经济的发展,需要法治建设提供保障。离开了法治,就不会有市场经济体制的完善,市场就会混乱,经济就不可能持续健康稳定地发展。这是中国改革开放40多年来的一条重要经验,也是成熟的市场经济国家可

供借鉴的成功经验[①]。法律体系对一国经济社会运行秩序具有最强约束力。2011年3月，全国人大常委会宣布，中国特色社会主义法律体系已经形成（见图6.1）。

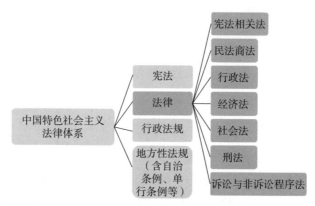

图6.1　中国特色社会主义法律体系

资料来源：伟大历程 辉煌成就——庆祝中华人民共和国成立70周年大型成就展，北京展览馆，2019年11月。

我国法律体系，特别是《中华人民共和国宪法》（以下简称《宪法》）包含了多项与社会主义市场经济有关的条款。

《宪法》是中国的根本大法，拥有最高法律效力。中华人民共和国成立后，曾于1954年、1975年、1978年和1982年通过四部宪法，现行宪法为1982年宪法，并历经1988年、1993年、1999年、2004年、2018年共5次修正。依据2018年最新修正后的《宪法》："中国各族人民将继续在中国共产党领导下……坚

---

① 经济日报评论员. 真正建立法治的市场经济[N]. 经济日报. 2014-11-05（001）.

持改革开放,不断完善社会主义的各项制度,发展社会主义市场经济。"①"社会主义制度是中华人民共和国的根本制度。中国共产党领导是中国特色社会主义最本质的特征。"②"中华人民共和国的社会主义经济制度的基础是生产资料的社会主义公有制,即全民所有制和劳动群众集体所有制。社会主义公有制消灭人剥削人的制度,实行各尽所能、按劳分配的原则。国家在社会主义初级阶段,坚持公有制为主体、多种所有制经济共同发展的基本经济制度,坚持按劳分配为主体、多种分配方式并存的分配制度。"③"国有经济,即社会主义全民所有制经济,是国民经济中的主导力量。国家保障国有经济的巩固和发展。"④"在法律规定范围内的个体经济、私营经济等非公有制经济,是社会主义市场经济的重要组成部分。国家保护个体经济、私营经济等非公有制经济的合法的权利和利益。国家鼓励、支持和引导非公有制经济的发展,并对非公有制经济依法实行监督和管理。"⑤"国家实行社会主义市场经济。国家加强经济立法,完善宏观调控。"⑥"国有企业在法律规定的范围内有权自主经营。国有企业依照法律规定,通过职工代表大会和其他形式,实行民主管理。"⑦"中华人民共和国允许外国的企业和其他经济组织或者个人依照中华人民共和国法

---

① 《中华人民共和国宪法》序言。
② 《中华人民共和国宪法》第一条。
③ 《中华人民共和国宪法》第六条。
④ 《中华人民共和国宪法》第七条。
⑤ 《中华人民共和国宪法》第十一条。
⑥ 《中华人民共和国宪法》第十五条。
⑦ 《中华人民共和国宪法》第十六条。

律的规定在中国投资,同中国的企业或者其他经济组织进行各种形式的经济合作。在中国境内的外国企业和其他外国经济组织以及中外合资经营的企业,都必须遵守中华人民共和国的法律。它们的合法的权利和利益受中华人民共和国法律的保护。"①

此外,《中华人民共和国公司法》(以下简称《公司法》)、《中华人民共和国企业破产法》(以下简称《企业破产法》)、《中华人民共和国反垄断法》(以下简称《反垄断法》)、《中华人民共和国民法典》(以下简称《民法典》)②等都是我国重要的经济法律,与社会主义市场经济直接相关。

《公司法》最早是在 1993 年 12 月 29 日由第八届全国人民代表大会常务委员会第五次会议通过,后又经过 1999 年、2004 年、2005 年、2013 年、2018 年的多次修订。依据 2018 年最新修正的《公司法》,它是"为了规范公司的组织和行为,保护公司、股东和债权人的合法权益,维护社会经济秩序,促进社会主义市场经济的发展③"而制定的法律。"公司必须保护职工的合法权益,依法与职工签订劳动合同,参加社会保险,加强劳动保护,实现安全生产。公司应当采用多种形式,加强公司职工的职业教育和岗位培训,提高职工素质。"④"公司职工依照《中华人民共和国工会法》组织工会,开展工会活动,维护职工合法权益。公司

---

① 《中华人民共和国宪法》第十八条。
② 《中华人民共和国民法典》自 2021 年 1 月 1 日起正式施行,此前施行的《中华人民共和国物权法》同时废止。
③ 《中华人民共和国公司法》第一条。
④ 《中华人民共和国公司法》第十七条。

应当为本公司工会提供必要的活动条件。公司工会代表职工就职工的劳动报酬、工作时间、福利、保险和劳动安全卫生等事项依法与公司签订集体合同。公司依照宪法和有关法律的规定，通过职工代表大会或者其他形式，实行民主管理。公司研究决定改制以及经营方面的重大问题、制定重要的规章制度时，应当听取公司工会的意见，并通过职工代表大会或者其他形式听取职工的意见和建议。"[1] "在公司中，根据中国共产党章程的规定，设立中国共产党的组织，开展党的活动。公司应当为党组织的活动提供必要条件。"[2]

依据《企业破产法》（自2007年6月1日起施行），它旨在"规范企业破产程序，公平清理债权债务，保护债权人和债务人的合法权益，维护社会主义市场经济秩序"[3]。"企业法人不能清偿到期债务，并且资产不足以清偿全部债务或者明显缺乏清偿能力的，依照本法规定清理债务。"[4]

《反垄断法》最早于1993年由全国人大审议通过，2017年又做了修订。其目的在于"促进社会主义市场经济健康发展，鼓励和保护公平竞争，制止不正当竞争行为，保护经营者和消费者的合法权益"[5]。依据该法，不正当竞争行为是指"经营者在生产经营活动中，违反本法规定，扰乱市场竞争秩序，损害其他经营

---

[1] 《中华人民共和国公司法》第十八条。
[2] 《中华人民共和国公司法》第十九条。
[3] 《中华人民共和国企业破产法》第一条。
[4] 《中华人民共和国企业破产法》第二条。
[5] 《中华人民共和国反垄断法》第一条。

者或者消费者的合法权益的行为"①。"国务院建立反不正当竞争工作协调机制，研究决定反不正当竞争重大政策，协调处理维护市场竞争秩序的重大问题。"②"国家鼓励、支持和保护一切组织和个人对不正当竞争行为进行社会监督。国家机关及其工作人员不得支持、包庇不正当竞争行为。行业组织应当加强行业自律，引导、规范会员依法竞争，维护市场竞争秩序。"③

2020年5月全国人民代表大会表决通过《中华人民共和国民法典》，自2021年1月1日起施行。《中华人民共和国婚姻法》《中华人民共和国继承法》《中华人民共和国民法通则》《中华人民共和国收养法》《中华人民共和国担保法》《中华人民共和国合同法》《中华人民共和国物权法》《中华人民共和国侵权责任法》《中华人民共和国民法总则》同时废止。《民法典》被称为"社会生活的百科全书"，是新中国第一部以法典命名的法律，在法律体系中居于基础性地位，也是市场经济的基本法。它共7编、1260条，各编依次为总则、物权、合同、人格权、婚姻家庭、继承、侵权责任以及附则。《民法典》对公民的人身权、财产权、人格权等都作出了明确翔实的规定，并规定侵权责任，明确权利受到削弱、减损、侵害时的请求权和救济权等，是"为了保护民事主体的合法权益，调整民事关系，维护社会和经济秩序，适应中国特色社会主义发展要求，弘扬社会主义核心价值观"④。"民事主

---

① 《中华人民共和国反垄断法》第二条。
② 《中华人民共和国反垄断法》第三条。
③ 《中华人民共和国反垄断法》第五条。
④ 《中华人民共和国民法典》第一条。

体的人身权利、财产权利以及其他合法权益受法律保护,任何组织或者个人不得侵犯。"①"民事主体在民事活动中的法律地位一律平等。"②民事主体在从事民事活动时,应当遵循自愿原则、平等原则、诚信原则,不得违反法律规定,不得违背公序良俗③。

综上可知,《宪法》明确指出了我国要在中国共产党的领导下,实行社会主义市场经济,同时运用经济、法律和行政手段,加强经济立法,完善宏观调控。《公司法》《破产法》《反垄断法》重在规范企业行为,维护社会主义市场经济秩序,促进社会主义市场经济发展。《民法典》则主要用于规范民事主体行为,保障民事主体的合法权益。

二、社会主义市场经济法律制度建设

2014年10月,党的十八届四中全会讨论通过了《中共中央关于全面推进依法治国若干重大问题的决定》,强调指出"社会主义市场经济本质上是法治经济,使市场在资源配置中起决定性作用和更好发挥政府作用,必须以保护产权、维护契约、统一市场、平等交换、公平竞争、有效监管为基本导向,完善社会主义市场经济法律制度。健全以公平为核心原则的产权保护制度,加强对各种所有制经济组织和自然人财产权的保护,清理有违公平的法律法规条款。创新适应公有制多种实现形式的产权保护制

---

① 《中华人民共和国民法典》第三条。
② 《中华人民共和国民法典》第四条。
③ 《中华人民共和国民法典》第五、第六、第七、第八条。

度,加强对国有、集体资产所有权、经营权和各类企业法人财产权的保护。国家保护企业以法人财产权依法自主经营、自负盈亏,企业有权拒绝任何组织和个人无法律依据的要求。加强企业社会责任立法。完善激励创新的产权制度、知识产权保护制度和促进科技成果转化的体制机制。加强市场法律制度建设,编纂《民法典》,制定和完善发展规划、投资管理、土地管理、能源和矿产资源、农业、财政税收、金融等方面的法律法规,促进商品和要素自由流动、公平交易、平等使用。依法加强和改善宏观调控、市场监管,反对垄断,促进合理竞争,维护公平竞争的市场秩序"[①]。

市场经济条件下,企业自主经营、公平竞争,消费者自由选择、自主消费,商品和要素自由流动、平等交换。市场经济活动中各个主体、各种行为都必须受法律约束,经济法律制度在维护市场经济关系过程中发挥着确定、引导、促进、规范、保护和制约的作用。以1804年《法国民法典》为标志,欧洲主要国家在其工业革命完成后,都建立了较为完备的市场经济法律体系,有效地保障了其经济运行和发展。改革开放,特别是党的十四大提出建立社会主义市场经济体制目标以来,中国高度重视经济法律制度建设[②]。本节主要从产权保护、公平竞争、市场建设、市场监管四个方面介绍相关建设情况。

在产权保护方面,《宪法》为产权保护提供了依据。《民法

---

① 中国政府网.中共中央关于全面推进依法治国若干重大问题的决定[EB/OL]. (2014-10-28). www.gov.cn/zhengce/2014-10/28/content_2771946.htm.

② 陈和.完善社会主义市场经济法律制度[N].经济日报,2014-10-31(001).

典》以民事基本法的形式对物权法律制度做出了安排，构建了产权制度的基本框架，确认了平等保护原则，全面确认了公民的各项基本财产权利，从而为实施产权保护奠定了基础。随着《中华人民共和国担保法》（1995年）、《中华人民共和国合同法》（1999年）等一系列经济法律的实施，对国家、集体、个人的财产所有权、用益物权等产权的保护有了法律依据。2013年，党的十八届三中全会提出"两个不可侵犯"[①]。2015年，《中共中央关于制定国民经济和社会发展第十三个五年规划的建议》明确要求把经济社会发展纳入法治轨道[②]。2016年，《中共中央国务院关于完善产权保护制度依法保护产权的意见》正式公布，这是中国首次以中央名义出台产权保护方面的方针政策[③]。2020年，《中共中央关于制定国民经济和社会发展第十四个五年规划和二〇三五年远景目标的建议》提出要"优化民营经济发展环境，构建亲清政商关系，促进非公有制经济健康发展和非公有制经济人士健康成长，依法平等保护民营企业产权和企业家权益，破除制约民营企业发展的各种壁垒，完善促进中小微企业和个体工商户发展的法律环境和政策体系"。

在公平竞争方面，《中华人民共和国反不正当竞争法》（1993年施行，2017年和2019年作了修订）是为保障社会主义市场经

[①] 是指公有制经济财产权不可侵犯，非公有制经济财产权同样不可侵犯。详见：曾华峰，等. 党的十八届三中全会《决定》重要举措释义 [N]. 解放军报，2013-11-22（006）.

[②] 李建国. 把经济社会发展纳入法治轨道 [N]. 人民日报，2015-11-13（006）.

[③] 叶泉. 产权保护改革最终考验的是法治 [N]. 法制日报，2016-11-30（007）.

济健康发展，鼓励和保护公平竞争，制止不正当竞争行为，保护经营者和消费者的合法权益制定的法律。《反垄断法》是为了预防和制止垄断行为，保护市场公平竞争，提高经济运行效率，维护消费者利益和社会公共利益，促进社会主义市场经济健康发展而制定的法律。《反垄断法》共分 8 章 57 条，包括总则、垄断协议、滥用市场支配地位、经营者集中、滥用行政权力排除、限制竞争、对涉嫌垄断行为的调查、法律责任和附则。针对行政垄断问题，《反垄断法》还专设了第五章"滥用行政权力排除、限制竞争"予以规范，共有六项（建议性）条文（第 32—37 条）[①]。2016 年，国务院发布《关于在市场体系建设中建立公平竞争审查制度的意见》，要求行政机关在制度出台前自我审查，确保不出现行政垄断内容[②]。

在市场建设方面，建设统一开放、竞争有序的市场体系，是市场在资源配置中起决定性作用的基础。2014 年，国务院发布《关于促进市场公平竞争维护市场正常秩序的若干意见》（以下简称《意见》），明确要求建设统一开放、竞争有序、诚信守法、监管有力的现代市场体系。该《意见》要求改革市场准入制度，制定市场准入负面清单。国务院以负面清单方式明确列出禁止和限制投资经营的行业、领域、业务等，对于负面清单以外的业务领域，各类市场主体皆可依法平等进入。地方政府需进行个别调整的，由省级政府报经国务院批准。2016 年，《市场准入

---

① 许光耀.反垄断法上的行政垄断分析[J].行政管理改革，2014（11）.
② 中国政府网.国务院印发《关于在市场体系建设中建立公平竞争审查制度的意见》，[EB/OL].（2016-06-14）.www.gov.cn/xinwen/2016-06/14/content_5082192.htm.

负面清单草案（试点版）》（以下简称《草案》）通知形式印发，并在天津、上海、福建、广东四个省、市试行。这份试点《草案》共含328项，其中禁止准入类96项，限制准入类232项。《市场准入负面清单（2019年版）》是中国全面实施市场准入负面清单制度以来首次修订，市场准入负面清单制度体系更加健全。自2020年12月1日起，中国正式实施《市场准入负面清单（2020年版）》。2020年版清单分别列举了禁止准入类及许可准入类具体涉及的事项。其中包括118个许可准入类事项及5个禁止准入类事项。与2019年版清单相比，2020年版清单放开了"森林资源资产评估项目核准""矿业权评估机构资质认定""碳排放权交易核查机构资格认定"等3条管理措施，并删除了"进出口商品检验鉴定业务的检验许可""报关企业注册登记许可""资产评估机构从事证券服务业务资格审批""证券公司董事、监事、高级管理人员任职资格核准"等14条管理措施。

在市场监管方面：2017年，国务院印发《"十三五"市场监管规划》，主要目标是到2020年，按照全面建成小康社会和完善社会主义市场经济体制的要求，围绕建设统一开放、竞争有序、诚信守法、监管有力的现代市场体系，完善商事制度框架，健全竞争政策体系，初步形成科学高效的市场监管体系，构建以法治为基础，以企业自律和社会共治为支撑的市场监管新格局，形成有利于创业创新、诚信守法、公平竞争的市场环境，形成便利化、国际化、法治化的营商环境。《关于加快推进社会信用体系建设构建以信用为基础的新型监管机制的指导意见》（2019年）强调，以加强信用监管为着力点，创新监管理念、监管制度和监管方式，建立健全贯穿市场主体全生命周期，衔接事前、事中、事后全监管环节的新型监管机制[①]。

三、成效、问题与展望

中国社会主义市场经济的法治保障，不仅体现在上述立法层面，而且在司法和执法层面也都取得了显著成效。

中国司法层面日趋公正化和公信化，积极推行法官终身负责制，纠正了很多冤假错案，在审判层面确保了司法公正权威[②]。自2017年起，中国部署推进司法体制综合配套改革，法院、检察院和司法行政等部门先后出台若干改革举措，包括出台《监察法》，颁行《人民陪审员法》和《刑事诉讼法》修正案，设立上海金融法院、国际商事法庭，推行家事审判方式，知识产权审判机制改革，深化"捕诉合一"办案专业化等，取得了较大成效。2020年8月，最高人民法院印发实施《关于深化司法责任制综合配套改革的实施意见》，从加强人民法院政治建设、完善审判权力运行体系、落实防止干预司法"三个规定"[③]、完善人员分类管理制度、优化司法资源配置机制等方面，深化司法责任制综合

---

① 中国政府网.国务院办公厅关于加快推进社会信用体系建设构建以信用为基础的新型监管机制的指导意见 [EB/OL]. (2019-07-16). www.gov.cn/zhengce/content/2019-07/16/content_5410120.htm.

② 彭贤鸿.新中国成立七十周年法治建设的成就与经验 [J].新西部，2019（11）.

③ 《领导干部干预司法活动、插手具体案件处理的记录、通报和责任追究规定》《司法机关内部人员过问案件的记录和责任追究规定》《关于进一步规范司法人员与当事人、律师、特殊关系人、中介组织接触交往行为的若干规定》及其实施办法。

配套改革①。

中国行政执法和监督工作也取得了明显成效②。一是行政执法制度体系基本形成。从行政执法组织架构到执法权力配置，从行政执法主体到执法人员，从执法实体内容到执法程序，从执法监督到行政救济，从执法权力保障到执法责任追究，基本上都有相应的法律法规，如《行政诉讼法》（1989年）、《行政处罚法》（1996年）、《行政许可法》（2003年）、《政府信息公开条例》（2008年）、《行政强制法》（2012年）、《法治政府建设实施纲要（2015—2020年）》（2015年）等。二是行政执法原则基本确立。合法、公开、公平公正、文明、信赖保护、权责一致、权威高效、诚实守信等已经成为各级行政机关普遍遵循的基本准则。三是行政执法体制机制基本完善。行政执法权力配置基本科学，执法职责界定、执法层级划分基本清晰，执法运行机制基本健全，执法队伍建设得到极大加强。四是行政执法行为基本规范。行政执法规则不断改进，检查、立案、受理申请、调查取证、检验鉴定、听证、法核、集体讨论决定、送达、公开等岗位流程和责任基本健全，执法理念、执法纪律、行为操守得到贯彻，执法人员素质普遍提高。五是行政执法监督基本到位。监督范围、监督主体、监督手段、责任追究基本明确，内部监督、外部监督形成合力，特别是复议监督、诉讼监督、社会监督有效纠正了违法行政执法行为，

---

① 徐昕，黄艳好.中国司法改革年度报告（2018）[J].上海大学学报（社会科学版），2019（2）.
② 赵振华.改革开放40年我国行政执法与监督工作的重大成就[J].中国司法，2019（3）.

维护了管理相对人的合法权益。六是行政执法作用基本发挥。作为最直接面对人民群众的行政执法，在维护经济社会生活秩序、保护人民群众利益、保障改革开放、促进经济发展、维护社会稳定、保护生态环境等方面发挥了巨大作用，为全面落实依法治国方略、建成法治政府及实现政府治理体系和治理能力现代化奠定了坚实基础。

2021年8月，中共中央、国务院联合印发《法治政府建设实施纲要（2021—2025年）》，旨在新发展阶段持续深入推进依法行政，全面建设法治政府。目标是到2025年，政府行为全面纳入法治轨道，职责明确、依法行政的政府治理体系日益健全，行政执法体制机制基本完善，行政执法质量和效能大幅提升，突发事件应对能力显著增强，各地区、各层级法治政府建设协调并进，更多地区实现率先突破，为到2035年基本建成法治国家、法治政府、法治社会奠定坚实基础。

具体到经济领域，以《反垄断法》为代表的法律法规能被严格执行。2018年是《反垄断法》生效和实施10周年，在此期间，国家发改委和工商总局共查处垄断协议、滥用市场支配地位案件200余件。商务部共审结经营者集中案件2 400余件。反垄断行政执法机构对我国市场经济建设中的"顽症"——行政性垄断行为也毫不手软，先后查处了全国各地政府及其职能部门滥用行政权力排除、限制竞争案件近200件，包括国家发改委查处的河北省交通厅、山东省交通厅、云南省通信管理局，以及四川省、浙江省和安徽省蚌埠市卫计委等政府部门实施的地方保护、指定交易等案件。为更好地推进反垄断工作，2018年，中国三大反垄断执法机构（商务部反垄断局、国家发展和改革委员会价格监督检查与反垄断局、国家工商行政管理总局反垄断与反不正当竞争执法局）整合组建国家市场监督管理总局（以下简称市场监管总局），由其统一负责反垄断执法工作[1]。2021年2月，《国务院反垄断委员会关于平台经济领域的反垄断指南》印发实施，强调《反垄断法》及其配套法规适用于所有行业，对各类市场主体一视同仁、公平公正对待，旨在预防和制止平台经济领域垄断行为，促进平台经济规范、有序、创新、健康发展，该指南是依据《反垄断法》等法律制定的，旨在预防和制止平台经济领域垄断行为，保护市场公平竞争，促进平台经济规范有序创新健康发展。此后，我国相继对阿里巴巴、滴滴出行、美团等涉嫌平台垄断的公司进行了不同程度的调查和处罚。这些案件有效震慑了违法者，促进了全国统一开放、竞争有序的市场体系形成[2]。

随着中国经济治理法治化的提速，营商环境明显优化。国务院颁布的《优化营商环境条例》于2020年正式实施，这是我国在国家层面首次出台优化营商环境的行政条例，加强了营商环境工作的顶层设计。依据世界银行发布的《全球营商环境报告2020》，中国营商环境总体得分为77.9分，即中国达到了全球最佳水平的77.9%，同比上升4.26分，排名跃居全球第31位。中

---

[1] 顾正平，孙思慧，吴桂慈. 2018年中国《反垄断法》执法回顾——调查处罚篇[J]. 精细与专用化学品，2019（5）.

[2] 林丽鹂. 反垄断法修订要解决执法中最迫切问题[N]. 人民日报，2018-11-17（07）.

国已连续两年被世界银行评选为全球营商环境改善幅度最大的 10 个经济体之一[①]。

欧盟委员会发布的《市场扭曲报告》多处质疑中国司法和执法问题，声称"在中国，没有任何法院可以采取措施保护宪法权力……这些权利的法律价值有限。各级法院领导必须由各自党委提名。中文'法治'一词往往被翻译成'法制'"[②]。这份《市场扭曲报告》显然未能客观评价我国司法和执法领域的改革成效，存有误解和曲解。不过，与此同时，我们也要承认，我国法治建设确实偏重立法而相对轻视司法和执法问题。今后在实践中需更加公正司法，严格执法，持续优化市场化、法治化和国际化的营商环境。

---

① 今日头条网. 中国营商环境全球排名第 31 位 [Z/OL].（2019-10-24）. https://www.toutiao.com/i6751189458378293763/.

② European Commission, Commission Staff Working Document on Significant Distortions in the People's Republic of China for the Purposes of Trade Defence Investigations. Brussels, 20.12.2017, SWD（2017）483 final/2: 9~10.

第七章

社会主义市场经济的发展阶段

社会主义市场经济从不被认可到酝酿提出，到被确立为中国经济体制改革的目标，再到被提升为社会主义基本经济制度之一，经历了漫长而曲折的过程。本章从"4+3"的视角梳理社会主义市场经济的发展阶段，即"4个时期+3个维度"。"4个时期"是指计划经济时期（1957—1983年）、有计划的商品经济时期（1984—1991年）、社会主义市场经济的提出及初步发展时期（1992—2012年）、社会主义市场经济的完善时期（2013年至今）。"3个维度"是指农村和农业维度、城镇和工业维度、对外开放维度。

一、计划经济时期（1957—1983年）

这一时期，中国以高度集中的计划经济体制为主，市场在资源配置过程中基本不起作用，政府管控一切，凸显为产品统购统销、资本计划配置、劳动力严格控制。

（一）农村和农业维度

1953年10月，中共中央通过《关于粮食的计划收购和计划供应的决议》，中国开始实行粮食统购统销制度。这种高度计划性的粮食流通管理体制，在粮食紧缺时代，对用好有限的粮食资源、最大限度地解决中国人的吃饭问题，发挥了重要作用。1954年7月，中华全国合作社第一次代表大会在北京举行，决定将中华全国合作社更名为中华全国供销总社，建立全国统一的供销合作社系统。到1957年，供销合作社在全国得到了迅速发展，形成了一个上下连接、纵横交错的全国性流通网络，成为中国农村商品流通的主渠道。1953年12月，中共中央通过《关于发展农业生产合作社的决议》，强调把注意力更多地转向兴办初级农业生产合作社，有利于进一步释放农村生产力，提高农民生活水平。1956年6月，第一届全国人大三次会议通过《高级农业生产合作社示范章程》，要求把社员私有的主要生产资料转为合作社集体所有，组织集体劳动。1958年8月，中共中央作出决议，把各地成立不久的高级农业生产合作社普遍升级为大规模的、政社合一的人民公社。

1961年3月，中共中央在广州召开工作会议，讨论和通过了《农村人民公社工作条例（草案）》（即"农业六十条"），解决了当时群众意见最大、最紧迫的一些问题，从而在调动农民积极性、恢复和发展农业生产，以及遏制"共产风"再起方面，发挥了重要作用。

（二）城镇和工业维度

1953年起，国家对达到就业年龄的城镇社会劳动力实施由国家统一包下来统一分配工作的统包统配就业制度，对保护劳动者的就业权起到了积极作用，旧中国遗留下来的城镇失业问题得

第七章　社会主义市场经济的发展阶段

到了初步解决。1954年2月，中共七届四中全会正式批准了党在过渡时期的总路线。党在过渡时期总路线和总任务，是在一个相当长的时期内，逐步实现国家的社会主义工业化，并逐步实现国家对农业、手工业和资本主义工商业的社会主义改造。1958年5月，中国共产党第八次全国代表大会第二次会议召开，正式通过"鼓足干劲、力争上游、多快好省地建设社会主义"的总路线。

1961年9月，邓小平主持制定了《国有工业企业工作条例（草案）》（即"工业七十条"）。该条例的颁布施行，对于恢复和建立企业正常的生产秩序，"调整、巩固、充实、提高"国民经济发挥了积极作用，对于国有企业管理也有长远的指导意义。

1978年12月，中共十一届三中全会召开，作出把党和国家的工作重心转移到经济建设上来、实行改革开放的历史性决策，并提出，让企业有更多的经营管理自主权。1979年7月，国务院印发《关于扩大国有工业企业经营管理自主权的若干规定》，当年底，扩权试点企业达到4 200家。

（三）对外开放维度

1979年7月，中共中央、国务院决定在深圳、珠海、汕头、厦门试办出口特区。后将出口特区改为经济特区。这在社会主义国家是首创，是顺应世界经济发展形势，顺应中国社会主义现代化建设和改革开放客观需要而作出的一项重大决策。1979年7月，五届全国人大二次会议通过《中华人民共和国中外合资经营企业法》，这部法律和《中华人民共和国外资企业法》《中华人民共和国中外合作经营企业法》（统称"外资三法"）一起奠定了中国利用外资的法律基础，是中国对外开放法制建设的重要里程碑。1979年，泰国正大集团成为第一家进入中国大陆的外资企业。

1983年2月，霍英东与广东省合作投资兴建的中国第一个涉外五星级宾馆"白天鹅"在广州开业，这是改革开放后第一家由中国人自己设计、建造、管理的大型中外合作五星级酒店。

二、有计划的商品经济时期（1984—1991年）

1984年10月，中共十二届三中全会通过《关于经济体制改革的决定》（以下简称《决定》），首次提出社会主义经济是建立在公有制基础上的有计划的商品经济。《决定》要求"进一步贯彻执行对内搞活经济、对外实行开放的方针，加快以城市为重点的整个经济体制改革的步伐……建立起具有中国特色的、充满生机和活力的社会主义经济体制……改革计划体制，首先要突破把计划经济同商品经济对立起来的传统观念，明确认识社会主义计划经济必须自觉依据和运用价值规律，是在公有制基础上的有计划的商品经济。商品经济的充分发展，是社会经济发展不可逾越的阶段"。为打破计划经济体制，转向建立后来的社会主义市场经济创造了条件。这一时期，市场在资源配置过程中开始发挥辅助性的作用。

（一）农村和农业维度

1985年1月，中共中央、国务院印发《关于进一步活跃农村经济的十项政策》，决定除个别品种外，国家不再向农民下达农产品统购派购任务，农产品实行多渠道直线流通，农产品市场逐步放开，由此，农村建立市场机制迈出了关键一步。

1991年11月，中共十三届八中全会通过《关于进一步加强农业和农村工作的决定》，提出把以家庭联产承包为主的责任制、统分结合的双层经营体制作为农村集体经济组织的一项基本制度长期稳定下来。

（二）城镇和工业维度

1984年5月，国务院决定进一步扩大国有工业企业自主权，极大激发了企业活力。1983—1984年，国家分两步在全国范围实施"利改税"，将国有企业给国家上缴利润改为向国家缴纳税金，理顺了国家与企业的分配关系。1985年1月，国务院印发《关于国有企业工资改革问题的通知》，以增强企业活力，充分发挥企业和职工主动性、积极性和创造性，克服企业工资分配中吃"大锅饭"的弊病。承包经营"两权分离"的国有企业经营模式开始试行，到1993年，国有企业普遍实行承包经营责任制。1986年12月，国务院印发《关于深化企业改革增强企业活力的若干规定》，明确各地可以选择少数有条件的全民所有制大中型企业进行股份制试点。

（三）对外开放维度

1985年2月，中共中央、国务院决定在长江三角洲、珠江三角洲和厦漳泉三角地区开辟沿海经济开放区。1988年3月，国务院印发《关于扩大沿海经济开放区范围的通知》，决定将南京、杭州、沈阳等140个市县划入沿海开放区。此后，国务院又相继决定开放一批沿江、沿边、内陆和省会城市，形成了多层次、多渠道、全方位开放格局。

三、社会主义市场经济的提出与初步发展时期（1992—2012年）

1992年1月18日至2月21日，邓小平视察武昌、深圳、珠海、上海等地并发表重要谈话，指出，坚持党的十一届三中全会以来的路线、方针、政策，关键是坚持"一个中心、两个基本点"，基本路线要管一百年。判断姓"社"还是姓"资"的标准，应该主要看是否有利于发展社会主义社会的生产力，是否有利于增强社会主义国家的综合国力，是否有利于提高人民的生活水平。要抓住时机，发展自己，发展才是硬道理。邓小平特别强调，计划多一点还是市场多一点，不是社会主义与资本主义的本质区别。社会主义的本质是解放生产力，发展生产力，消灭剥削，消除两极分化，最终达到共同富裕。

这次谈话是把改革开放和现代化建设推进到新阶段的又一个解放思想、实事求是的宣言书。建设"社会主义市场经济"是江泽民在党的十四大上所做报告的重要主题。1992年12月12日至18日，中国共产党第十四次全国代表大会召开。大会通过的报告《加快改革开放和现代化建设步伐，夺取有中国特色社会主义事业的更大胜利》正式提出，中国经济体制改革的目标是建立社会主义市场经济体制。次年11月，中共十四届三中全会通过《关于建立社会主义市场经济体制若干重要问题的决定》，勾画了社会主义市场经济体制的基本框架,指出社会主义市场经济体制是同社会主义基本制度结合在一起的,建立社会主义市场经济体制,就是要使市场在国家宏观调控下对资源配置起基础性作用。这一时期,市场在资源配置过程中的作用进一步增强,从原来的"辅助性作用"上升为"基础性作用"。

(一)农村和农业维度

1993年2月,国务院决定,在国家宏观调控下放开价格,放开经营,增强粮食企业活力,减轻国家财政负担,进一步向粮食商品化、经营市场化方向推进。从此粮食统购统销制度结束,伴随城乡居民近40年的粮票退出历史舞台。1993年12月,国务院决定建立粮食收购保护价格制度。这项制度对保护农民种粮积极性,促进粮食生产稳定增长起到了重要作用。

2004年3月,国家启动对种粮农民直接补贴政策,这标志着国家与农民由取到予的关系的历史性转折,得到了农民群众的热烈拥护。2004年5月,全面放开粮食主产区粮食收购市场和收购价格,并先后对稻谷、小麦两个主要口粮品种实行最低收购价政策。这对保障国家粮食安全、稳定价格总水平发挥了重要作用。2006年1月1日,《中华人民共和国农业税条例》废止。这意味着在中国延续两千多年的农业税正式成为历史。

(二)城镇和工业维度

1993年12月,《中华人民共和国公司法》颁布,规范了公司的组织和行为,保护了公司、股东和债权人的合法利益,加快了国有企业公司制改革的步伐，对于维护经济社会秩序，促进社会主义市场经济发展发挥了重要作用。1994年11月，国务院选定100家国有企业开展以"产权清晰、权责明确、政企分开、管理科学"为特征的现代企业制度试点工作，推动出资者所有权和企业法人财产权的分开，探索公有制和市场经济相结合的有效途径。1997年9月，中国共产党第十五次全国代表大会召开。大会通过的报告《高举邓小平理论伟大旗帜，把建设有中国特色社会主义事业全面推向二十一世纪》提出党在社会主义初级阶段的基本纲领，明确公有制为主体、多种所有制经济长期共同发展是我国社会主义初级阶段的一项基本经济制度。1999年5月，中共十五届四中全会通过《关于国有企业改革和发展若干重大问题的决定》，指出要从战略上调整国有经济布局，推进国有企业战略性改组，建立和完善现代企业制度，加强和改善企业管理，提高国有经济的控制力，使国有经济在关系国民经济命脉的重要行业和关键领域占支配地位。

2002年2月，国务院印发《电力体制改革方案》，明确提出在电力行业打破垄断，引入竞争，实行厂网分开、主辅分离，电力市场化改革大幕就此拉开。2002年11月，中国共产党第十六次全国代表大会提出，必须毫不动摇地巩固和发展公有制经济；必须毫不动摇地鼓励、支持和引导非公有制经济发展。2003年10月，中共十六届三中全会通过《中共中央关于完善社会主义市场经济体制若干问题的决定》，这是新世纪完善社会主义市场经济体制的纲领性文件。2004年3月，十届全国人大二次会议通过宪法修正案，将"国家尊重和保障人权""合法的私有财产不受侵犯"等写入宪法。2007年3月,十届全国人大五次会议审议通过《中华人民共和国物权法》。制定和实施物权法,完善中国特色社会主义物权制度,对于坚持和完善国家基本经济制度、完善社会主义市场经济体制,具有十分重要的意义。2006年12月,全国重点煤炭产运需衔接会议召开。以此为标志,结束了延续50多年的由政府直接组织召开的全国煤炭订货会,国家宏观调控、企业自主衔接资源、协商定价的新机制初步建立。煤炭订货会也是中国最后一个退出历史舞台的全国性订货会。

(三)对外开放维度

1992年3月,为进一步加快对外开放,发展与周边国家经贸合作,国务院作出开放部分边境城市、兴办边境经济合作区的决定。截至2018年底,共批准设立17家边境经济合作区、2家跨境经济合作区。20世纪90年代以来,中国对进口商品关税进行了多次自主削减,其中1996年降税幅度超过30%。2001年中国加入世贸组织,并于2010年完成入世关税减让承诺。

2008年1月,《中华人民共和国企业所得税法》实施,实现了企业所得税内外税制统一。2009年1月1日起,外商投资企业、外国企业和组织以及外籍个人,依照《中华人民共和国房产税暂行条例》缴纳房产税。至此,中国内外税制基本实现统一。2008年,中国吸引外商投资1 083.1亿美元,首次超过1 000亿美元。中国逐步成为全球第二大外资流入国,外商投资企业在国民经济发展中发挥了重要作用。

四、社会主义市场经济的完善时期(2013年至今)

2013年11月,党的十八届三中全会通过了《中共中央关于全面深化改革若干重大问题的决定》,指出全面深化改革的总目标是完善和发展中国特色社会主义制度,推进国家治理体系和治理能力现代化。全会开启了全面深化改革、系统整体设计推进改革的新时代,开创了中国改革开放的全新局面,并且首次提出"市场在资源配置中起决定性作用",中国社会主义市场经济进入逐步完善时期。

(一)农村和农业维度

《中共中央关于全面深化改革若干重大问题的决定》提出了"建立城乡统一的建设用地市场",为新时代的中国农村改革定下了基本方向。2014年1月,中共中央、国务院印发了《关于全面深化农村改革加快推进农业现代化的若干意见》,强调"全面深化农村改革,要坚持社会主义市场经济改革方向,处理好政府和市场的关系,激发农村经济社会活力",要"在落实农村土地集体所有权的基础上,稳定农户承包权、放活土地经营权,允许承包土地的经营权向金融机构抵押融资"。2014年9月,中央全面深化改革领导小组第五次会议强调,要在坚持农村土地集体所有的前提下,促使承包权和经营权分离,形成所有权、承包权、经营权三权分置,经营权流转的格局。

2016年10月,中共中央办公厅、国务院办公厅印发《关于完善农村土地所有权承包权经营权分置办法的意见》,推动各地探索和丰富三权分置的具体实现形式。2018年12月,第十三届全国人民代表大会常务委员会第七次会议通过《关于修改〈中华人民共和国农村土地承包法〉的决定》,将三权分置制度法制化。

（二）城镇和工业维度

2013年,国务院推进简政放权、放管结合、优化服务改革(简称"放管服"改革),决定先行取消和下放91项行政审批事项,并要求各部门加大减少和下放行政审批事项工作力度,各地方把该放的事坚决放开,该管的事管住管好。"放管服"改革,在促进已有市场主体发展的同时催生了大量新的市场主体。目前,中国各类市场主体数量已经超过1亿户。2014年10月,在深圳试点开展输配电价改革。2017年实现省级电网输配电价改革全覆盖。截至2018年,全国共核减与输配电不相关、不合理费用1 284亿元。逐步建立健全了以"准许成本+合理收益"为核心、约束与激励相结合的垄断行业定价制度。

2016年7月,中共中央、国务院印发《关于深化投融资体制改革的意见》,明确了投融资体制改革的顶层设计,新一轮投融资体制改革全面展开。2017年10月,党的十九大把"两个毫不动摇"作为党和国家的一项重大方针进一步确定下来。2019年10月,中共十九届四中全会把按劳分配为主体、多种分配方式并存和社会主义市场经济体制上升为基本经济制度。再加上公有制为主体、多种所有制经济共同发展,三项都是社会主义基本经济制度,三者相互联系、相互支撑、相互促进。

2020年,我国以中共中央、国务院的名义联合颁发了两份关于社会主义市场经济体制的重要文件——《关于构建更加完善的要素市场化配置体制机制的意见》和《关于新时代加快完善社会主义市场经济体制的意见》。

《关于构建更加完善的要素市场化配置体制机制的意见》指出，完善要素市场化配置是建设统一开放、竞争有序市场体系的内在要求，是坚持和完善社会主义基本经济制度、加快完善社会主义市场经济体制的重要内容。需要坚持的原则有：市场决定，有序流动；健全制度，创新监管；问题导向，分类施策；稳中求进，循序渐进。涉及的内容包括推进土地要素市场化配置，引导劳动力要素合理畅通有序流动，推进资本要素市场化配置，加快发展技术要素市场，加快培育数据要素市场，加快要素价格市场化改革，健全要素市场运行机制。

《关于新时代加快完善社会主义市场经济体制的意见》指出，社会主义市场经济体制是中国特色社会主义的重大理论和实践创新，是社会主义基本经济制度的重要组成部分。我国市场体系还不健全，市场发育还不充分，政府和市场的关系没有完全理顺，还存在市场激励不足、要素流动不畅、资源配置效率不高、微观经济活力不强等问题，推动高质量发展仍存在不少体制机制障碍，必须进一步解放思想，坚定不移深化市场化改革，扩大高水平开放，不断在经济体制关键性、基础性重大改革上突破创新。在更高起点、更高层次、更高目标上推进经济体制改革及其他各方面体制改革，构建系统更加完备、更加成熟定型的高水平社会主义市场经济体制。以完善产权制度和要素市场化配置为重点，全面深化经济体制改革，加快完善社会主义市场经济体制，建设高标准市场体系，实现产权有效激励、要素自由流动、价格反应灵活、竞争公平有序、企业优胜劣汰,加强和改善制度供给,推进国家治理体系和治理能力现代化,推动生产关系同生产力、上层建筑同经济基础相适应,促进更高质量、更有效率、更加公平、更可持续的发展。

党的十九届四中全会公报强调,公有制为主体、多种所有制经济共同发展,按劳分配为主体、多种分配方式并存,社会主义市场经济体制等社会主义基本经济制度,既体现了社会主义制度的优越性,又同我国社会主义初级阶段社会生产力发展水平相适应,是党和人民的伟大创造。党的十九届五中全会讨论通过了《中共中央关于制定国民经济和社会发展第十四个五年规划和二〇三五年远景目标的建议》,要求全面深化改革,构建高水平社会主义市场经济体制,并从加快转变政府职能、完善宏观经济治理、建立现代财税金融体制、激发各类市场主体活力、建设高标准市场体系这五大领域做出部署。

2021年1月,中共中央办公厅、国务院办公厅印发《建设高标准市场体系行动方案》(见图7.1),旨在通过5年左右的努力,基本建成统一开放、竞争有序、制度完备、治理完善的高标准市场体系。

(三)对外开放维度

2013年9月,中国第一张外商投资准入负面清单出台。中国(上海)自由贸易试验区率先试点外商投资准入前国民待遇加负面清单管理模式,清单以外领域设立外商投资企业的时间由1个月缩短至3天以内。

市场经济与统一大市场

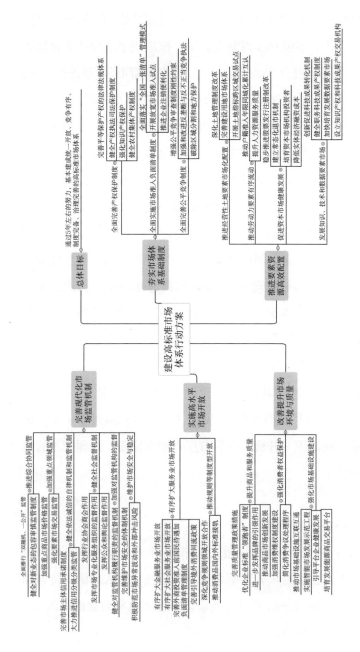

图 7.1 《建设高标准市场体系行动方案》的总体目标和主要内容

资料来源：中共中央办公厅、国务院办公厅印发《建设高标准市场体系行动方案》，《人民日报》（2021年2月1日）。

2018年6月,《外商投资准入特别管理措施(负面清单)(2018年版)》发布,在汽车、金融等领域迈出了对外开放的重要一步,也是中国全面实行准入前国民待遇加负面清单管理制度的重要标志。2019年3月,十三届全国人大二次会议审议通过《中华人民共和国外商投资法》,取代"外资三法"成为外商投资领域新的基础性法律,为新形势下进一步扩大开放、积极有效利用外资提供了更加有力的法律保障。截至2018年底,中国累计设立外商投资企业超过96万家,吸引外资超过2.1万亿美元。2019年6月,《外商投资准入特别管理措施(负面清单)(2019年版)》发布,进一步放宽了外资准入条件。

2020年12月,国务院总理李克强签署国务院令,公布《国务院关于修改和废止部分行政法规的决定》,对与外商投资法不符的行政法规进行了清理。该决定对22部行政法规的部分条款进行了修改,废止了一部行政法规。修改的内容主要有四个方面:一是根据外商投资法实施后不再对外商投资企业设立实行审批的实际情况,修改营业性演出管理条例等5部行政法规中有关外商投资企业设立审批的内容。二是贯彻落实外商投资法关于对外商投资实行准入前国民待遇加负面清单管理制度的规定,对民用航空器国籍登记条例等6部行政法规中与《外商投资准入特别管理措施(负面清单)(2020年版)》不符的条款进行了修改。三是外商投资法施行后,对外商投资企业不再按"中外合资经营企业""中外合作经营企业""外资企业"进行分类,其组织机构、组织形式等统一适用公司法、合伙企业法等法律的规定。据此对旅行社条例等13部行政法规中涉及外商投资企业分类的条款做了相应修改。四是对涉及落实国务院"放管服"改革事项的营业性演出管理条例等4部行政法规的个别条款做了修改，取消有关审批事项，简化审批环节。废止外国企业或者个人在中国境内设立合伙企业的管理办法。外商投资法施行后，外国投资者在中国境内设立合伙企业统一适用外商投资法、合伙企业法以及有关商事登记的法律、行政法规，不再需要保留单独的管理办法。

国家发展改革委、商务部于2021年12月27日分别发布《外商投资准入特别管理措施（负面清单）(2021年版)》和《自由贸易试验区外商投资准入特别管理措施（负面清单）(2021年版)》，自2022年1月1日起施行。2021年版全国和自贸试验区外资准入负面清单进一步缩减至31条、27条，压减比例分别为6.1%、10%。主要变化：一是进一步深化制造业开放。在汽车制造领域，取消对乘用车制造外资股比的限制以及对同一家外商可在国内建立两家及两家以下生产同类整车产品的合资企业的限制。在广播电视设备制造领域，取消对外商投资卫星电视广播地面接收设施及关键件生产的限制，按照内外资一致原则管理。本次修订，实现了自贸试验区负面清单制造业条目清零。二是自贸试验区探索放宽服务业准入。市场调查领域，除广播电视收听、收视调查须由中方控股外，取消外资准入限制。社会调查领域，允许外商投资社会调查，但要求中方股比不低于67%，法人代表应当具有中国国籍。三是提高外资准入负面清单精准度。在负面清单说明部分增加"从事外资准入负面清单禁止投资领域业务的境内企业到境外发行股份并上市交易的，应当经国家有关主管部门审核同意，境外投资者不得参与企业经营管理，其持股比例参照境外投资者境内证券投资管理有关规定执行",由证监会和有关主管部门按规定对从事负面清单禁止领域业务的境内企业到境外上市融资实行精准化管理。需要说明的是,"应当经国家有关主管部门审核同意"系指审核同意境内企业赴境外上市不适用负面清单禁止性规定,而不是指审核境内企业赴境外上市的活动本身。四是优化外资准入负面清单管理。根据《外商投资法实施条例》,在负面清单说明部分增加"外商投资企业在中国境内投资,应符合外商投资准入负面清单的有关规定"。做好外资准入负面清单与市场准入负面清单衔接,在负面清单说明部分增加"境内外投资者统一适用《市场准入负面清单》的有关规定"。

2021年1月11日,汇丰集团旗下汇丰金融科技服务(上海)有限责任公司(汇丰金科)在上海自贸区临港新片区举行开业仪式。这是跨国金融机构在中国内地设立的首家金融科技子公司。

第八章

国企改革

第八章

환경호르몬

公有制为主体、多种所有制经济共同发展是中国的一项基本经济制度，是社会主义市场经济的根基。自20世纪80年代开始，中国持续探索并不断深化国有企业改革，从最初的"放权让利""利改税"、普遍实行承包制、推进"两权分离"，到以建立现代企业制度为目标，推进国有企业股份制公司化改造，再到发展混合所有制经济。民营企业已成为社会主义市场经济的重要组成部分，取得了从"0"到"56789"的伟大成就。新时代的中国正以"竞争中性"原则对待国有企业和民营企业。

一、GATT/WTO框架对国有企业问题的关切

国有企业存在于许多国家，而不仅仅是在中国。事实上，作为国有企业的形式之一，国有贸易企业自1947年以来一直受GATT的管制。GATT乌拉圭回合谈判结束后，许多已加入WTO的国家仍存在国有企业，而且还不限于国有贸易企业。GATT 1947对国家所有制以及更广泛的国家参与贸易体制保持沉默，WTO协定亦是如此，唯一例外的就是关于国有贸易企业的规则。GATT第17条允许缔约国保留或建立国有贸易企业，但要求他们"践行非

歧视原则，与 GATT 对那些影响私营贸易商进出口行为的政府措施要求相一致"。当时之所以要引入这条规则，主要是监管牛奶与小麦营销委员会的日常运行（1947 年）。这个委员会由 GATT 的 23 个初始缔约国中的 4 国组成，即澳大利亚、加拿大、新西兰和英国，其主要目标是确保在 1929 年金融危机以及第二次世界大战后，可以稳定供应基本食物①。这条规则似乎有点奇怪，或说是一种悖论，因为它违背了 GATT 的自由化精神。

中国在国有企业方面的义务源于 WTO 协定，特别是《SCM 协定》（尽管未明确提及国有企业）以及《中国加入议定书》（明确提及国有企业）②。

依据《SCM 协定》，中国不得提供出口补贴或地方性补贴，否则将违反《SCM 协定》第 3 条和第 5 条的相关规定，进而面临被征收反补贴税的风险。然而要使这两条规定中的任何一条适用于国有企业，就必须承认或证明，国有企业是《SCM 协定》第 1 条中界定的"公共机构"，否则惩罚国有企业行为的唯一办法就是让投诉人证明中国政府正在利用国有企业扭曲市场。当然，后一种论证更为麻烦，所需的证据数量更多。

《中国加入议定书》在不同条款涉及国有企业问题③：

---

① Kostecki, Michel (1978) "State Trading in Industrialized and Developing Countries", Journal of World Trade Law, 12: 187~207.
② Qin, Julia Ya (2004) "WTO Regulation of Subsidies to State-Owned Enterprises (SOEs) - a Critical Appraisal of the China Accession Protocol", Journal of International Economic Law, 7: 863~919.
③ WTO Doc. WT/ACC/CHN/49 of 1 October 2001.

第八章 国企改革

第10.2条（关于补贴），为适用《SCM协定》第1.2条和第2条，如果除其他外，国有企业是此类补贴的主要受益者，或者国有企业收到的此类补贴数额过大，则向国有企业提供的补贴将被视为具体补贴。

这是专门针对中国的责任，不适用于其他WTO成员方的国有企业[①]。

第12.2条（关于农业），中国应根据过渡性审查机制，及时通报农业部门国有企业（国家或地方）与农业部门，作为国有贸易企业经营的其他企业之间的财政和其他转移支付。

这也是仅针对中国的义务。其他WTO成员只需通知属于特定补贴的财政捐款（《SCM协定》第25.2条）即可。

此外，中国加入WTO工作组的报告也包含了关于国有企业和国有投资企业的内容[②]。

---

① 可参阅：Christiansen, Hans, and Yunhee Kim（2004）"State-Invested Enterprises in the Global Marketplace: Implications for a Level Playing Field", OECD Corporate Governance Working Papers, No. 14, OECD Publishing, Paris. http://dx.doi.org/10.1787/5jz0xvfvl6nw-en, 该文广泛讨论了全球范围内国有企业的重要性；也可参阅：Garcia-Herrero, Alicia, and Jianwei Xu（2017）"How to Handle State-Owned Enterprises in EU-China Investment Talks?" Policy Contribution 2017/18, Bruegel, 该文揭示了关于中国国有企业作用以及中国贸易伙伴应对举措的多种不同观点和视角。

② 国有投资企业是指国家在该企业中只拥有部分股权但不拥有控制权。WTO Doc. WT/ACC/CHN/49 of 1 October 2001.

46. 中国代表进一步确认，中国将保证所有国有和国家投资企业仅依据商业考虑进行购买和销售，如价格、质量、可销售性和可用性，并确认其他WTO成员的企业将拥有在非歧视的条款和条件基础上，与这些企业在销售和购买方面进行竞争的充分机会。此外，中国政府将不直接或间接地影响国有企业或国家投资企业的商业决定，包括关于购买或销售的任何货物的数量、金额或原产国，但以与《WTO协定》相一致的方式进行的除外。工作组注意到这些承诺。

47. 中国代表确认，在不损害中国在《政府采购协定》中未来谈判权利的前提下，所有有关国有和国家投资企业用于商业销售的货物和服务的采购、用于商业销售或用于非政府目的的货物的生产或服务的提供的法律、法规及措施，将不被视为与政府采购有关的法律、法规及措施。因此，此类购买或销售需遵守GATS第2条、第16条、第17条和GATT 1994第3条。工作组注意到这一承诺。

自加入WTO以来，中国一直积极推进国内政策领域的合规性改革，切实履行《SCM协定》各项要求。中国不仅全面取消了禁止性补贴，还严格按照WTO关于补贴的透明度原则，向WTO提交了上千份通报。2018年7月，中方向WTO提交了2015—2016年中央和地方补贴政策的通报，关于地方补贴的通报首次覆盖了全部的省级行政区域。同时，中国有关部门积极有效地开展清理和规范产业补贴的工作，为不同所有制、不同规模的企业营造公平的市场环境①。

此外,还需要说明的是,政府成立国有企业或补贴企业是多国通行做法,有助于弥补纯粹市场经济的缺陷。成立于1974年的淡马锡公司是新加坡迄今最大的国有投资控股公司,旗下是一个巨大的企业联合体,涉及各种产业领域,其中多数是新加坡的核心企业,主导该国经济命脉。以色列国有企业是以色列在1948年建国后仿照苏联模式对国内经济运行进行大规模干预而建立的,包括金融机构在内最多时有200多家。根据以色列1975年颁布的《国有企业法》,以色列财政部专门设立国有企业局,由其代表以色列政府履行国有企业出资人职责。根据美国补贴监控组织"好工作优先"统计,20世纪80年代以来,美国各级政府通过80 337个项目向本国企业共发放了1 781亿美元的补贴。2000年以来,仅波音公司就从美国政府获得了145亿美元的定向补贴[②]。

二、坚持和完善公有制为主体、多种所有制经济共同发展的基本经济制度

《中共中央关于全面深化改革若干重大问题的决定》提出要从完善产权保护制度、积极发展混合所有制经济、推动国有企业完善现代企业制度、支持非公有制经济健康发展四个方面坚持和

---

①② 钟声.中国国企是平等竞争市场主体[N].人民日报,2019-08-22(003).

完善基本经济制度[①]。

一是完善产权保护制度。公有制经济财产权不可侵犯,非公有制经济财产权同样不可侵犯。国家保护各种所有制经济产权和合法利益,保证各种所有制经济依法平等使用生产要素、公开公平公正地参与市场竞争、同等接受法律保护,依法监管各种所有制经济。

二是积极发展混合所有制经济。国有资本、集体资本、非公有资本等交叉持股、相互融合的混合所有制经济,是基本经济制度的重要实现形式。允许更多国有经济和其他所有制经济发展成为混合所有制经济。国有资本投资项目允许非国有资本参股。允许混合所有制经济实行企业员工持股,形成资本所有者和劳动者利益共同体。完善国有资产管理体制,以管资本为主加强国有资产监管,改革国有资本授权经营体制,组建若干国有资本运营公司,支持有条件的国有企业改组为国有资本投资公司。国有资本投资运营要服务于国家战略目标,更多投向关系国家安全、国民经济命脉的重要行业和关键领域,重点提供公共服务、发展重要前瞻性战略性产业、保护生态环境、支持科技进步、保障国家安全。

三是推动国有企业完善现代企业制度。国有企业属于全民所有,是推进国家现代化、保障人民共同利益的重要力量。国有企业总体上已经同市场经济相融合,必须适应市场化、国际化新形势,以规范经营决策、资产保值增值、公平参与竞争、提高企业

---

① 中国政府网.中共中央关于全面深化改革若干重大问题的决定[EB/OL].(2013-11-15). http://www.gov.cn/jrzg/2013-11/15/content_2528179.htm.

效率、增强企业活力、承担社会责任为重点,进一步深化国有企业改革。准确界定不同国有企业功能。国有资本应加大对公益性企业的投入,在提供公共服务方面做出更大贡献。国有资本继续控股经营的自然垄断行业,实行以政企分开、政资分开、特许经营、政府监管为主要内容的改革,根据不同行业特点实行网运分开,放开竞争性业务,推进公共资源配置市场化。进一步破除各种形式的行政垄断。健全协调运转、有效制衡的公司法人治理结构。建立职业经理人制度,更好发挥企业家作用。深化企业内部管理人员能上能下、员工能进能出、收入能增能减的制度改革。建立长效激励约束机制,强化国有企业经营投资责任追究机制。国有企业要合理增加市场化选聘比例,合理确定并严格规范国有企业管理人员薪酬水平、职务待遇、职务消费、业务消费。

四是支持非公有制经济健康发展。非公有制经济在支撑增长、促进创新、扩大就业、增加税收等方面具有重要作用。坚持权利平等、机会平等、规则平等,废除对非公有制经济各种形式的不合理规定,消除各种隐性壁垒,制定非公有制企业进入特许经营领域的具体办法。鼓励非公有制企业参与国有企业改革,鼓励发展非公有资本控股的混合所有制企业,鼓励有条件的私营企业建立现代企业制度。

三、中国国企改革历程

从新中国成立到改革开放,中国政府对国有工业企业实行统管。政府直接决定企业的生产规模、经营管理、收入分配和产品销售。国有企业的盈亏由国家统一负责,财产由国家统一处理,收益由国家统一分配,资金由国家统一调拨,国有企业没有独立的经营决策权。国有企业吃国家的"大锅饭",职工吃国有企业的"大锅饭"。国家统管体制使国有企业失去了活力和自我发展的动力[1]。

1978—1983年,中国开始初步探索国有工业企业改革,国家向国有工业企业"放权让利",使国有工业企业得到了初步自主权,并取得一定成效。1979年《国务院关于扩大国有工业企业经营管理自主权的若干规定》等5个文件,允许企业在完成国家计划的前提下制订补充计划,允许按照国家制定的价格政策自行销售,实现利润留成,逐步提高固定资产折旧率,实行固定资产有偿占用、流动资金全额信贷制度,企业有关新产品试制等费用可以从实现的利润中留用,企业有权申请出口自己的产品并取得外汇分成,企业有权按国家劳动计划指标择优录取职工,企业在定员、定额内有权按照实际需要决定机构设置和任免中层及以下干部,减轻企业额外负担等。1981年以后的改革重点是实行责任制。1983年又开始推进企业的"利改税"改革,将国有企业原来上缴国家利润的办法改为按照国家规定的税种和税率向国家缴纳税金,这种"利改税"改革的目的是稳定国家财政收入并稳定国家与企业的分配关系,客观上让企业有一定的税后利润和自我发展能力,提高了企业生产的积极性。

---

[1] 李晓西.中国市场化进程——李晓西的观察与思考[M].北京:人民出版社,2009:49~50,102~103,134~136,264~267.

第八章 国企改革

1984—1992年，中国国有企业改革的主要特征是普遍实行承包制。1984年10月，党的十二届三中全会确定推进国有企业的"两权分离"。1987年，承包经营责任制在全国大中型国有企业中迅速推开，主要内容包括：包上缴国家利润，包完成技术改造任务，包固定资产增值，实行工资总额与经济效益挂钩。采取的形式主要有：上缴利润递增包干，上缴利润基数包干、超收分成，上缴利润定额包干。

党的十四大以后，中国国有企业改革的新思路是建立现代企业制度，力图通过实施这一制度来解决国有企业"负盈不负亏"和缺乏活力的问题。党的十五大报告中进一步明确了发展股份制的要求，对国有企业进行股份化公司制改造。与此同时，改革的着眼点从过去的搞活单个国有企业转为从整体上搞活国有经济，提出"加快国有经济布局和结构的战略性调整"的重大战略任务，对国有企业实行"抓大放小""有进有退"的战略性重组改造。

2002年党的十六大报告指出，改革国有资产管理体制是深化经济体制改革的重大任务。2003年，中国成立国有资产监督管理委员会，初步理顺了国有资产管理体制，即在坚持国家所有制的前提下，确立中央政府和地方政府分别代表国家履行出资人职责，享有所有者权益，权利、义务和责任相统一，管资产和管人、管事相结合。在这一体制下的国有企业改革，积极推进大型国有企业的产权多元化，不但完善了国有企业的市场退出机制，使得国有经济布局和战略性调整迈出了新步伐，而且国有企业效益和利润明显提高。

2015年，中共中央、国务院印发的《关于深化国有企业改革的指导意见》明确指出,"国有企业改革要遵循市场经济规律和企业发展规律,坚持政企分开、政资分开、所有权与经营权分离,促使国有企业真正成为依法自主经营、自负盈亏、自担风险、自我约束、自我发展的独立市场主体。"①

党的十九大报告提出要"完善各类国有资产管理体制,改革国有资本授权经营体制,加快国有经济布局优化、结构调整、战略性重组,促进国有资产保值增值,推动国有资本做强、做优、做大,有效防止国有资产流失。深化国有企业改革,发展混合所有制经济"②。

2018年国务院印发《关于推进国有资本投资、运营公司改革试点的实施意见》,在总结前期改革试点经验与问题基础上又向前一步,加快推进国有资本投资、运营公司改革试点③。

2019年政府工作报告继续强调,"加快国资国企改革。加强和完善国有资产监管,推进国有资本投资、运营公司改革试点,促进国有资产保值增值。积极稳妥推进混合所有制改革。完善公司治理结构,健全市场化经营机制,建立职业经理人等制度。依法处置'僵尸企业'。深化电力、油气、铁路等领域改革,自然垄断行业要根据不同行业特点实行网运分开,将竞争性业务全面推向市场。国有企业要通过改革创新、强身健体,不断增强发展

---

① 新华网.中共中央、国务院关于深化国有企业改革的指导意见[EB/OL].(2015-08-24). http://www.xinhuanet.com/politics/2015-09/13/c_1116547305.htm.
② 习近平.决胜全面建成小康社会夺取新时代中国特色社会主义伟大胜利——在中国共产党第十九次全国代表大会上的报告[R].北京:人民出版社,2017:33.
③ 中国政府网.关于推进国有资本投资、运营公司改革试点的实施意见[EB/OL].(2018-07-30). http://www.gov.cn/zhengce/content/2018-07/30/content_5310497.htm.

活力和核心竞争力。"①

2020 年,《国企改革三年行动方案》已初步形成。未来改革重点包括：完善中国特色现代企业制度，推动董事会应建尽建。加快建立健全市场化经营机制，大力推进经理层成员任期制、契约化管理和职业经理人制度。积极稳妥分层、分类深化混合所有制改革，特别是要推动混合所有制企业深度转化经营机制，充分发挥非国有股东的积极作用。优化国有资本布局，推动战略性重组和专业化整合，引导企业进一步聚焦实体经济，做强做精主业。进一步完善以管资本为主的国有资产监管体制，加大授权放权力度。大力推进"双百行动""区域性综合改革试验""科改示范行动"等专项工程，充分发挥示范引领作用②。

> **专栏 8.1　中国国企改革的"1+N"政策体系、"双百行动"和"三年行动"**
>
> 中国高度重视国有企业改革。党的十八大以来，党中央作出战略布局，加强顶层设计，出台了国企改革"1+N"政

---

① 中国政府网.2019 年政府工作报告 [EB/OL].(2019-03-16). http://www.gov.cn/premier/2019-03/16/content_5374314.htm.

② 今日头条网.国务院国资委：今年将从七方面着力推进国企改革 [EB/OL].(2020-04-21). https://www.toutiao.com/i6817945631357665799/.

策体系[①]，为新时代国企改革搭建了"四梁八柱"。

国企改革"双百行动"，是国务院国有企业改革领导小组组织开展的国企改革专项行动之一，共选取百余户中央企业子企业和百余户地方国有骨干企业，在2018—2020年，全面落实"1+N"系列文件要求，深入推进综合性改革，在改革重点领域和关键环节率先取得突破，打造一批治理结构科学完善、经营机制灵活高效、党的领导坚强有力、创新能力和市场竞争力显著提升的国企改革尖兵，充分发挥示范突破带动作用，凝聚起全面深化国有企业改革的强大力量，形成全面铺开的国企改革崭新局面和良好态势[②]。

目前，我国国有企业改革已取得了一定成效，但依然存在诸多问题，同时还面临新形势、新任务和新要求。基于此，党中央、国务院于2020年决定实施国企改革三年行动（以下简称"三年行动"）[③]。"三年行动"的总体目标是在形成更加

[①] 党中央、国务院近年来颁布了《关于深化国有企业改革的指导意见》，并出台22个配套文件，包括分类推进国有企业改革（2个配套文件）、完善现代企业制度（4个配套文件）、完善国有资产管理体制（2个配套文件）、发展混合所有制经济（3个配套文件）、强化监督防止国有资产流失（5个配套文件）、加强和改进党对国有企业的领导（1个配套文件）、为国有企业改革创良好环境（2个配套文件）及其他（3个配套文件），即为"1+N"政策体系，形成了顶层设计和"四梁八柱"的大框架，国企改革顶层设计已基本完成。

[②] 国务院国有资产监管管理委员会网站.国企改革双百行动[EB/OL].[2021-11-20]. http://www.sasac.gov.cn/n4470048/n10286230/n10870882/index.html.

[③] 国务院国有资产监管管理委员会网站.一图看懂全国国有企业改革三年行动动员部署电视电话会议[Z/OL].（2020-10-01）[2021-11-20]. http://www.sasac.gov.cn/n4470048/n13461446/n15390485/n15390500/c15823765/content.html#1.

成熟定型的中国特色现代企业制度和以管资本为主的国资监管体制上取得明显成效，在推动国有经济布局优化和结构调整上取得明显成效，在提高国有企业活力效率上取得明显成效，做强做大国有资本和国有企业，切实增强国有经济竞争力、创新力、控制力、影响力、抗风险能力。具体目标包括五个方面。

（1）国有企业要成为有核心竞争力的市场主体。国有企业首先必须发挥经济功能，创造市场价值，更好地为党和人民服务。要加强党的领导，落实董事会职权，健全市场化经营机制，积极稳妥地深化混合所有制改革。

（2）国有企业要在创新引领方面发挥更大作用。创新决定命运，硬实力畅通大循环。要以创新为突破口，进行大胆充分的激励，在关键核心技术攻关、高端人才引进、科研成果转化应用等方面有更大作为。

（3）国有企业要在提升产业链、供应链水平上发挥引领作用。国有企业要对民营企业健康发展发挥带动作用和重要影响力。根据不同行业集中度要求，推动形成比较好的市场结构。国企、民企要相互配合，推进兼并重组和战略性组合。中央企业要坚决压缩管理层级，防控好各类风险。

（4）国有企业要在保障社会民生和应对重大挑战等方面发挥特殊保障作用。要推动国有资本在提供公共服务、应急能力建设和公益性等关系国计民生的关键领域发挥更大作用，做好制度安排。对国有企业承担的公益类业务，要进行分类核算和分类考核。建立符合国际惯例的补贴体系。

> （5）国有企业要在维护国家经济安全方面发挥基础性作用。要坚持有进有退、有所为有所不为，推动国有资本向关系国家安全、国民经济命脉的重要行业和关键领域集中，让国有企业真正起到抵御宏观风险的托底作用。

四、民营企业发展与"竞争中性"原则

民营企业是社会主义市场经济的重要组成部分。改革开放40多年来，中国民营企业取得了从"0"到"56789"的伟大成就[①]：民营企业是政府税收和国家财力的最大贡献者，民营企业税收贡献超50%。民营企业是投资的最大推动力，民间投资占比超60%。民营企业是中国科技创新的主力军，民营企业发明专利占比超75%。民营企业是城镇就业的最大保障，民营企业就业存量占比近80%。民营企业是中国经济微观基础的最大主体，民营企业数量占比超95%。

中国正以"竞争中性"原则对待国有企业和民营企业。"竞争中性"指所有市场主体在经营中都能获得公平竞争的权利[②]。OECD为竞争中性制定了八大原则，分别是经营范围划分、成本监管、回报率要求、补贴监管、税收中性、监管中性、信贷中性

[①②] 泽平宏观公众号.任泽平.中国民营经济报告：2019[Z/OL].（2019-10-14）. https://mp.weixin.qq.com/s?__biz=Mzg3NzYwMzU1MQ==&mid=2247510544&idx=1&sn=bfa0fd09a8309eda3765c34c43949a96&source=41#wechat_redirect.

和政府采购中性①。2018年10月14日,中国人民银行行长易纲在G30国际银行研讨会上提出,中国以"竞争中性"原则对待国有企业。这是中国官方首次正式提出"竞争中性"原则,迅速引发广泛关注。随后,国资委发言人彭华岗对此作出回应,称国企改革的思路、目标与"竞争中性"原则是一致的。国务院总理李克强在2018年12月24日国务院常务会议和2019年政府工作报告中都明确提出了"竞争中性"原则,"按照竞争中性原则,在要素获取、准入许可、经营运行、政府采购和招投标等方面,对各类所有制企业平等对待。"②

迄今,我国国有企业总体上已按市场规律运行,是独立的市场主体,自主经营、自负盈亏、自担风险、自我约束、自我发展,平等地与其他所有制企业参与市场竞争③。虽然我国国企改革的顶层设计已基本完成,也取得了一定成效,但仍然存在很多问题,凸显为国有经济布局和结构调整有待优化以及国有企业活力和效率偏低。因此,我国的国企改革依然任重道远,需要继续贯彻顶层设计,落实"竞争中性"。

---

① OECD, Competitive Neutrality: Maintaining a level playing field between public and private business, Paris: OECD Publishing, 2012.

② 中国政府网. 2019年政府工作报告 [EB/OL]. (2019-03-16). http://www.gov.cn/premier/2019-03/16/content_5374314.htm.

③ 钟声. 中国国企是平等竞争市场主体 [N]. 人民日报,2019-08-22(003).

第九章

规划体系与产业政策

规划体系与产业政策在我国社会主义市场经济发展过程中发挥着重要作用,是完善宏观经济治理的重要内容。党的十九届五中全会通过了《中共中央关于制定国民经济和社会发展第十四个五年规划和二〇三五年远景目标的建议》,要求从激发各类市场主体活力、完善宏观经济治理、建立现代财税金融体制、建设高标准市场体系、加快转变政府职能这五个领域全面深化改革,构建高水平社会主义市场经济体制。该建议明确指出,"健全以国家发展规划为战略导向,以财政政策和货币政策为主要手段,就业、产业、投资、消费、环保、区域等政策紧密配合,目标优化、分工合理、高效协同的宏观经济治理体系。"本章重点介绍我国规划体系和产业政策的历史演变及现状。

一、中国规划体系的历史演变及现状

20世纪30年代初,资本主义世界出现经济大危机,暴露了传统自由市场经济的弊端。与此同时,苏联实行的计划经济取得了巨大成就。所以,新成立的社会主义国家普遍实行计划经济,甚至包括法国、日本等国家也开始着手制订指导性的经

市场经济与统一大市场

济计划[①]。20世纪50年代是中国计划经济体制的形成时期，中国结束了长期战乱，实现了民族独立，开始进行大规模经济建设。但由于朝鲜战争爆发，中国国家安全受到威胁，而国内工业落后、人口众多，因此，建设独立工业体系和提高积累率就成为促进中国国内经济发展的两个重要因素。在这种背景下，中国选择了政府主导型的发展模式，走上了单一公有制和计划经济道路[②]。新中国成立伊始，政务院财政经济委员会设立计划局，这是新中国第一个全国性的计划管理机构。中央人民政府财经文教各部、各大行政区和省（市）自治区人民政府的财经委员会也分别设置了计划机构。1952年底，中央人民政府国家计划委员会成立，负责制定和组织实施全国的经济计划工作。随之，县以上各级地方政府先后建立计划委员会。国家通过部门计划系统（通称"条条"）和地方计划系统（通称"块块"）来指导和管理全国的企业、事业等基层单位的计划工作，把它们的主要经济社会发展活动直接或间接地纳入统一的国民经济计划，国家对国有企业和高级形式的公私合营企业实行直接计划，国家各级政府对私人资本主义企业和个体经济实行间接计划。到1957年，中国已经基本确立了高度统一的计划管理体制[③]。此后20多年间，中国计划经济体制取得了成效，也暴露出许多问题。1978年，中国实行改革开放。以邓小平同志1992年初重要谈话和党的十四大为标志，中国全面推行由计划经济体制向

[①③] 林中萍，黄振奇.关于由计划经济体制向社会主义市场经济体制过渡问题[J].教学与研究，1994（3）.

[②] 武力.中国计划经济的重新审视与评价[J].当代中国史研究，2003（4）.

市场经济体制过渡。1993年,党的十四届三中全会制定了《中共中央关于建立社会主义市场经济体制若干问题的决定》,把党的十四大确定的经济体制改革目标和基本原则加以系统化、具体化,这份决定是建立中国社会主义市场经济体制的总体规划。

接下来从规划名称、规划定位、规划理念、规划目标、规划性质、规划内容等方面介绍中国发展规划的历史演变[①]。

在规划名称方面,中国发展规划名称主要发生了两大变化。一是前五个五年计划的名称为"国民经济计划","六五"计划以来,增加了"社会发展"一词,更名为"国民经济和社会发展计划",内容逐渐涵盖了经济、社会、环境、生态等领域。二是自"十一五"开始,"五年计划"更名为"五年规划",更加准确地体现了宏观性、战略性、政策性。

在规划定位方面,中国发展规划由计划经济体制下的计划转变为社会主义市场经济体制下的规划,即从要求生产什么、生产多少、为谁生产的指令性计划,转变为引导市场配置资源的预期性与约束性相结合的规划。

在规划理念方面,中国发展规划经历了从优先发展重工业、建立独立完整的工业体系,到处理各方面关系,到解决温饱问题、以人民生活为主、强国和富民相统一,再到科学发展观、新发展理念。

在规划目标方面,中国发展规划经历了从建立独立完整的国

---

① 杨伟民,等.新中国发展规划70年[M].北京:人民出版社,2019:4~10.

民经济体系、实现"四个现代化",到解决温饱问题,再到全面建成小康社会的演变。

在规划性质方面,中国发展规划(计划)的性质实现了从指令性到预测性和指导性,再到预期性和约束性的转变。

在规划内容方面,中国发展规划(计划)的内容呈现诸多变化。一是从实物参量到价值目标的转变。二是从单纯的经济计划拓展到经济社会,再到文化建设、民主法治、生态文明、国防和军队建设。三是规划涉及的范围从大陆的省(自治区、直辖市),到包括港澳台,又区分港澳与台,包括了整个国家的所有领土。

中国的发展计划或规划,既包括短期、中期、长期计划,又包括综合规划和专项规划[①]。短期计划是根据中期计划的要求而制定的一年期计划,主要任务是搞好年度宏观经济总量的基本平衡,推进产业政策的实施,对重要商品的市场供求进行预测,提出有关经济政策,运用好资源以保证国家重要物资储备、国家订货和重点建设的需要,对市场进行适时调控。中期计划一般为五年计划,以长期计划为指导,确定国民经济和社会发展的主要目标、战略重点、指导方针、重大项目和主要政策措施。经过多年发展,中国已经形成比较完备的规划体系(见图9.1)。

---

① 郑新立,徐伟,等.从计划到市场——中国计划投资体制改革40年[M].广州:广东经济出版社,2017:59~73.

第九章 规划体系与产业政策

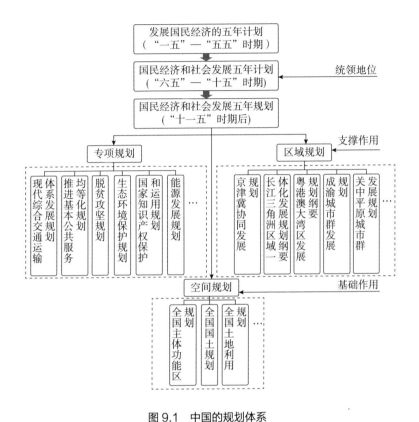

图 9.1　中国的规划体系

资料来源：伟大历程 辉煌成就——庆祝中华人民共和国成立 70 周年大型成就展，北京展览馆，2019 年 11 月。

除了以上这些综合性规划，还有专项规划。专项规划是为了解决经济和社会发展中的某些薄弱环节、突出矛盾和重点任务而制定的，可以是产业规划、区域规划，也可以是解决经济、科技、社会发展中的某一项重大课题的规划，具有较强的针对性和灵活性。如号称"世界之最"的植树造林规划"三北防护林工程"（1978 年）、"菜篮子工程"（1988 年）、温饱工程专项规划（1989

219

年）以及各地的区域发展规划。

二、中国规划体系的主要任务与功能

确定宏观调控目标、完善宏观经济治理是我国规划体系的主要任务与功能。

宏观调控目标是一定时期国家在宏观经济管理方面所要达到的国民经济运行状态的预定目的，既能向企业公开展示最重要的宏观经济信息，对企业的组织决策发挥引导作用，又是政府各经济管理部门制定政策措施的重要依据。确定宏观调控目标是制定规划的主要任务。宏观调控目标是由一系列指标组成，而且这些指标还会随着各个时期国民经济发展和宏观经济管理的需要做适当调整。西方国家一般都选择经济增长、充分就业、物价稳定、国际收支均衡等作为宏观调控目标。中国的宏观目标通常包括经济增速、价格总水平、固定资产投资、财政收支、货币供应、国际收支、人口和就业等[1]。很多国家都制定且实施过指导性指标和规划。美国克林顿政府时期，曾制定了一个国家基础设施计划，将信息高速公路作为振兴美国经济的一项重要措施，与"中国制造2025"类似；奥巴马政府也制定了一个"出口倍增"计划，宣布在五年之内出口翻番；欧盟也有"工业复兴计划"[2]；瑞典

---

[1] 郑新立，徐伟，等.从计划到市场——中国计划投资体制改革40年[M].广州：广东经济出版社，2017：56~57.
[2] 中国新闻网.商务部："中国制造2025"符合在世贸框架下的义务[Z/OL].(2018-04-04). http://www.chinanews.com/gn/shipin/cns/2018/04-04/news763209.shtml.

也有年度计划和五年计划,瑞典内阁提出年度国家经济计划的总设想,每年9月交出下一年国家经济计划纲要草案,计划的实际编制工作由财政部经济局完成,并设有专门计划委员会协调各方面的经济发展计划[①]。

满足治理需求所面临的挑战,已成为许多社会的核心问题,中国亦不例外。党的十九届四中全会审议通过《中共中央关于坚持和完善中国特色社会主义制度推进国家治理体系和治理能力现代化若干重大问题的决定》,强调要从坚持和完善党的领导制度体系、人民当家做主制度体系、中国特色社会主义法治体系、中国特色社会主义行政体制、社会主义基本经济制度、繁荣发展社会主义先进文化的制度、统筹城乡的民生保障制度、共建共享共治的社会治理制度、生态文明制度体系、党对人民军队的绝对领导制度、"一国两制"制度体系、独立自主的和平外交政策、党和国家监督体系这13个方面,着力推进国家治理体系和治理能力现代化。其中,在坚持和完善中国特色社会主义行政体制方面,提出要"构建职责明确、依法行政的政府管理体系……健全以国家发展规划为战略导向,以财政政策和货币政策为主要手段,就业、产业、投资、消费、区域等政策协同发力的宏观调控制度体系。完善国家重大发展战略和中长期经济社会发展规划制度"。

通过制定和实施发展规划,设定宏观调控目标,有助于推动

---

① 商务部网站.瑞典国有企业调研报告[EB/OL].(2007-03-19).se.mofcom.gov.cn/article/ztdy/200703/20070304473788.shtml.

治理创新，从过去以规则设定为主转向依赖规则设定和目标设定相结合，进而完善宏观经济治理。

目标设定试图通过以下方式引导行为：一是确定注意力与稀缺资源在竞争性目标之间的优先分配次序；二是激励人们为实现目标而努力；三是确定目标并为目标实现进程提供量化尺度；四是抑制那些因短期欲望和冲动而致使注意力或资源分散的倾向。而规则设定则试图通过制定相关规则来指导关键成员的行为并建立履行机制，引导相关人员据此规则采取行动。

作为两类主要的治理策略，规则设定和目标设定既有区别又有联系。在区别方面：规则设定侧重于制定行为规范（如要求和禁令），注重规则的遵循与实施；而目标设定侧重于树立目标，注重激发目标支持者的热情，将实现各种子目标所需的努力最大化；此外，目标设定通常强调在特定时间框架内实施某项计划，而规则设定强调行为规范，内容固定不变。不过，这两类治理策略并非互相排斥，在特定情况下两者可能会相互补充，成为综合治理体系的重要组成部分[1]。

在全球层面，无论是联合国千年发展目标（Millennium Development Goals，MDGs）还是可持续发展目标（Sustainable Development Goals, SDGs），都是通过目标设定实现全球治理创新的典范。对中国而言，法治建设重在规则设定，规划体系重在目标设定，两者结合，将持续推动中国治理创新，最终促进国家

---

[1] 蟹江宪史，弗兰克·比尔曼.日新为道：通过可持续发展目标促进治理创新[G].关成华，译.北京：北京师范大学出版社，2021.

治理体系和治理能力现代化。

表9.1 中国"十四五"时期经济社会发展主要指标

类别	指标	2020年	2025年	年均/累计	属性
经济发展	国内生产总值（GDP）增长（%）	2.3		保持在合理区间、各年度视情提出	预期性
	全员劳动生产率增长（%）	2.5		高于GDP增长	预期性
	常住人口城镇化率（%）	60.6*	65		预期性
创新驱动	全社会研发经费投入增长（%）			>7、力争投入强度高于"十三五"时期实际	预期性
	每万人口高价值发明专利拥有量（件）	6.3	12		预期性
	数字经济核心产业增加值占GDP比重（%）	7.8	10		预期性
民生福祉	居民人均可支配收入增长（%）	2.1		与GDP增长基本同步	预期性
	城镇调查失业率（%）	5.2		<5.5	预期性
	劳动年龄人口平均受教育年限（年）	10.8	11.3		约束性
	每千人口拥有执业（助理）医师数（人）	2.9	3.2		预期性
	基本养老保险参保率（%）	91	95		预期性
	每千人口拥有3岁以下婴幼儿托位数（个）	1.8	4.5		预期性
	人均预期寿命（岁）	77.3*		[1]	预期性

续表

类别	指标	2020 年	2025 年	年均/累计	属性
绿色生态	单位 GDP 能源消耗降低（%）			〔13.5〕	约束性
	单位 GDP 二氧化碳排放降低（%）			〔18〕	约束性
	地级及以上城市空气质量优良天数比率（%）	87	87.5		约束性
	地表水达到或好于Ⅲ类水体比例（%）	83.4	85		约束性
	森林覆盖率（%）	23.2*	24.1		约束性
安全保障	粮食综合生产能力（亿吨）		>6.5		约束性
	能源综合生产能力（亿吨标准煤）		>46		约束性

注：1.〔 〕内为 5 年累计数。2. 带 * 的为 2019 年数据。3. 能源综合生产能力指煤炭、石油、天然气、非化石能源生产能力之和。4. 2020 年地级以上城市空气质量优良天数比率和地表水达到或好于Ⅲ类水体比例指标值受新冠肺炎疫情等因素影响，明显高于正常年份。5. 2020 年全员劳动生产率增长 2.5% 为预计数。
资料来源：《中华人民共和国国民经济和社会发展第十四个五年规划和 2035 年远景目标纲要》，2021 年 3 月 12 日，转引自中国经济网，https://baijiahao.baidu.com/s?id=1694110294978128737&wfr=spider&for=pc.

从表 9.1 可知，中国发展规划中的目标设定主要包括预期性指标和约束性指标，经济发展和创新驱动领域均为预期性指标，而约束性指标主要集中在资源环境领域，民生福祉领域的教育、贫困等指标也为约束性，体现了政府高度重视民生、资源环境等领域这些仅靠市场机制无法有效解决的治理挑战。约束性指标主要针对政府，是政府必须履行的职责。而预期性指标主要针对市场化和竞争性领域，起引导作用。通过这些指标实现平衡、包容、

第九章 规划体系与产业政策

可持续基础上的两个翻番[①]。

中国规划体系的制定实施侧重宏观性、预见性和战略性，尊重市场经济规律，并不会调整竞争条件和扭曲市场。改革开放以来，随着中国社会主义市场经济体制的逐步建立和完善，发展计划或规划的宏观性、预见性和战略性不断加强，中长期计划成为计划工作的重点。每一次中长期计划的制订，都是先由党中央召开全会提出建议，然后由发展计划委员会（现为国家发展和改革委员会）内部有关司局和研究单位（也委托一些社会研究单位）进行广泛、充分、详细的前期研究工作，在此基础上，由发展计划委员会组织起草计划。一般先在研究的基础上形成计划思路的最初文稿，包括对国内外经济环境的基本分析判断、计划期的主要发展目标、计划期的基本战略选择、主要政策思路等。初步文稿要经过反复的讨论修改，再上报国务院和党中央，国务院和党中央在更高层次上组织讨论并反复修改后，向全党和全社会征求意见。一般要征求各省部级党组织的意见，也征求各民主党派和经济学家的意见，在这些意见的基础上进一步修改后，形成国家中长期计划的思路和编制意见，由发展计划委员会具体组织中长期计划的编制，最后形成的中长期计划要经过全国人民代表大会审批，才具有法律

---

① 中国网财经.徐绍史："十三五"规划中 13 项约束性指标针对政府 [Z/OL].(2016-03-06). http://fifinance.china.com.cn//news/special/2016lhcjzt/20160306/3615874.shtml.

效力，开始执行①。因此，无论是中长期计划的内容、约束性指标、预期性指标的分布结构，还是中长期计划的形成过程，都依据经济社会发展的现实，尊重市场经济规律并广泛征求各方意见，有助于更好地发挥政府作用和市场在资源配置中的决定性作用。

三、中国产业政策的历史演变与阶段特征

世界多国都高度重视产业政策，发达国家是产业政策的发明者和主要使用者。中国经历了一个从计划管理与选择性政策混合的产业政策体系，到选择性产业政策体系，再到以选择性产业政策为主体、以功能性产业政策为辅助的产业政策体系的转变过程，并在这个转变过程中，越来越注重发挥市场机制的作用。

产业政策通常分为选择性产业政策和功能性产业政策两类。

选择性产业政策，是战后日、韩等东亚国家（或地区）曾实施的干预性产业政策。这类产业政策被认为是"政府为改变产业间资源分配和各种产业中私营企业的某种经营活动而采取的政策。换句话说，它是促进某种产业的生产、投资、研究开发、现代化和产业改组而抑制其他产业同类活动的政策"②，这类产业政策以对市场进入、产品价格、生产要素配置与要素价格、投资等

---

① 郑新立，徐伟，等.从计划到市场——中国计划投资体制改革40年[M].广州：广东经济出版社，2017：64~67.
② 小宫隆太郎、奥野正宽，等.日本的产业政策[M].北京：国际文化出版公司，1988.

经济活动的直接（或间接）干预为主要手段，以"政府对微观经济运行的广泛干预，挑选赢家、扭曲价格等途径主导资源配置"为主要特征。在选择性产业政策中，政府处于主导性地位，政府"驾驭"、干预，甚至替代市场[①]。

功能性产业政策。20世纪80年代以来，产业政策的理念和实践发生重要转变，选择性产业政策饱受争议，取而代之的是功能性产业政策[②]，即政府应尽可能完善市场制度、改善营商环境、维护公平竞争，支持产业技术的创新与扩散并为之建立系统有效的公共服务体系，帮助劳动者提升技能以适应产业发展的需求等。在功能性产业政策中，市场处于主导性地位，市场机制是推动产业创新发展与结构演变的决定性力量，政府则为市场机制的有效运行创造良好的制度环境，并在公共领域或狭义的"市场失灵"领域补充市场机制的不足，政府与市场之间是互补与协同的关系。

中国产业政策的历史演变可分为五个阶段[③]。

一是产业政策理念的引入阶段（1978—1988年）。20世纪80年代初，中国国内围绕经济体制改革方向、"社会主义商品经济"展开激烈争论。与此同时，日本战后经济发展取得的成就引起世人瞩目，日本政府通过产业政策积极干预经济和产业发展被

[①] 江飞涛，李晓萍.当前中国产业政策转型的基本逻辑[J].南京大学学报（哲学·人文科学·社会科学），2015（3）.
[②] 李晓萍，罗俊.欧盟产业政策的发展与启示[J].学习与探索，2017（10）.
[③] 主要引自：江飞涛，李晓萍.改革开放四十年中国产业政策演进与发展——兼论中国产业政策体系的转型[J].管理世界，2018（10）.（有删改）。

认为是造就"日本奇迹"的关键①，引起中国学者与政府的关注。1983年，《八十年代的日本产业政策》是中国学者第一篇公开发表的介绍日本产业政策的论文②。1985—1987年，国务院发展研究中心产业政策专题课题组开展了一系列相关研究，并赴日本通产省进行考察，撰写了一份题为《我国产业政策的初步研究》的研究报告③，该研究报告指出："产业政策是许多国家在实现工业化过程中推行的一整套重要政策的总称。一些实施产业政策得力的国家，在发展和国际竞争中卓有成效。日本、韩国等国家和地区通过产业政策实现'竞争'与'干预'相结合经济体制的经验值得我们重视……产业政策不仅可以用配套的政策协调各项宏观经济控制手段，为实现资源最优配置服务，而且可以通过其促进产业关联和组织的作用推动企业搞活和劳动生产率提高……产业政策是政府对市场机制的调控手段，可以把建设和改革有机结合起来，连接宏观经济与微观经济，填补计划真空和催育市场，可以作为推动计划经济向有计划商品经济过渡的有力工具。通过产业政策的制定和实施，可以解决当时计划与市场的矛盾，并逐步

---

① Johnson, C., 1982, MITI and the Japanese Miracle: The Growth of Industrial Policy, 1925—1975, Stanford: Stanford University Press; 埃兹拉·沃格尔. 日本的成功与美国的复兴[M]. 上海：生活·读书·新知三联书店，1985; Pack, H., Westphal, L., 1986, "Industrial Strategy and Technological Change: Theory versus Reality", Journal of Development Economics, Vol.22, pp, 87~128; Amsden, A., 1989, Asia's Next Giant: South Korea and Late Industrialization, New York: Oxford University Press.
② 陈重，韩志国. 八十年代的日本产业政策[J]. 现代日本经济，1983（3）.
③ 国务院发展研究中心产业政策专题研究组. 我国产业政策的初步研究[J]. 计划经济研究，1987（5）.

建立起新模式下计划与市场的关系。"该研究报告进一步阐述了产业政策的目标、政策体系及主要构成。产业政策的目标是"实现产业结构、技术结构和出口结构的合理化",政策体系包括"产业结构政策、产业组织政策、产业技术政策和进出口政策等"。产业结构政策是"对某种(某几种)产业的生产、投资、研究开发、现代化和产业改组进行促进,而对其他产业的同类活动进行抑制",以"实现产业的高度化"。产业组织政策则是"建立在高度技术基础上的大批量生产机制",形成"以大企业为核心的分工协作网络",实现"组织高效化"。

1984年,党的十二届三中全会提出,中国要建立有计划的商品经济。1987年,国家计划委员会提出的"国家调控市场、市场引导企业"意见被当时的中央领导人所接受,1987年党的十三大报告中明确提出"新的经济运行机制,总体上来说应当是'国家调节市场,市场引导企业'的机制……国家运用经济手段、法律手段和必要的行政手段,调节市场供求关系,创造适宜的经济和社会环境,以此引导企业正确地进行经营决策。实现这个目标是一个渐进过程,必须为此积极创造条件"。在国务院发展研究中心建议制定实施产业政策的意见中,产业政策为"国家调节市场"提供了有力的政策工具,该建议很快得到当时中央的认可和批复,并责成国家计划委员会负责执行[①]。1988年,国家计划委员会(以下简称国家计委)成立产业政策司。这一时期,中国主要引入的是选择性产业政策及相应理念。经济学者与经济工作

---

① 吴敬琏.反思产业政策[J].比较,2016(6).

者思考产业政策在中国的应用时，均是将其与当时的经济体制基础以及围绕经济体制改革展开的争论紧密联系起来。

二是产业政策的初步尝试阶段（1989—1993年）。1988年，国家计委产业政策司成立后，开始着手产业政策的研究以及产业政策的起草制定工作。1988年上半年，国家计委产业政策司在大量调查研究的基础上形成了初步研究成果——《关于我国当前产业政策的若干要点》，经过反复征求意见、修改，国务院于1989年3月发布《国务院关于当前产业政策要点的决定》。这份决定及相应落实政策，是在改革开放初期初步引入市场机制以及确立"有计划的商品经济"的经济体制这一特殊历史背景下制定出来的，标志着中国制定实施产业政策的开始。

《国务院关于当前产业政策要点的决定》是中国第一部以产业政策命名的政策文件，明确提出，"制定正确的产业政策，明确国民经济各个领域中支持和限制的重点，是调整产业结构、进行宏观调控的重要依据……当前和今后一个时期制定产业政策、调整产业结构的基本方向和任务是：集中力量发展农业、能源、交通和原材料等基础产业，加强能够增加有效供给的产业，增强经济发展的后劲。同时控制一般加工业的发展，使它们同基础产业的发展相协调。"它制定了当时产业的发展序列，提出"当前的产业发展序列是各部门、各地区执行产业政策的基本依据，也是各项经济政策的导向目标。由于同一产业在社会再生产各个领域中的状况往往不同，需要采取不同的政策。因此，产业发展序列要按社会再生产的不同领域分别排列"。这一政策文件从生产领域、建设领域、外贸领域、改造领域4个方面制定了各主要产业的发展序列。作为该政策文件附件一同发布的还有《当前的产业发展序列目录》，这一目录详细列出了以上4个领域重点支持、严格限制与停止生产的产业、产品与工艺。例如，在生产领域重点支持的产业、产品涉及18个产业领域数百个产品。《国务院关于当前产业政策要点的决定》在政策措施方面，主要采用了计划经济的方式，这与当时"有计划的商品经济"的主基调是相一致的。在这个决定发布以后的两年里，共有44个地方、27个行业主管部门、15个经济综合部门提出了相应的实施办法。地方和部门主要是根据中央政策精神，精心制定本部门、本地区的发展重点与限制重点，并列出相应目录。经济综合部门则主要提出具体实施办法，落实国家产业政策的实施保障措施。这些政策的制定，突破了传统"大一统"计划经济管理模式，在当时开辟了以直接干预和影响资源配置进行国民经济管理的新模式，在较大程度上缩小了计划管理的范围，并对当时新出现的、大量计划经济之外的市场经济活动进行管理和调节。这种产业政策的国民经济管理模式，作为当时各方都能接受的方案，成为推动计划经济体制向市场经济机制转型的重要工具。尽管这看似仅仅是对传统计划经济体制的最初突破，但是从某种意义上来讲已经是颠覆性的制度创新[1]。

三是产业政策的发展阶段（1994—2001年）。进入20世纪90年代，中国经济快速发展，产业结构变动速度加快，经济体制改革进程加快。1992年10月，党的十四大确定建立和完善社

---

[1] 蔡昉.中国改革成功经验的逻辑[J].中国社会科学，2018（1）.

市场经济与统一大市场

会主义市场经济体制。1993年11月，党的十四届三中全会通过了《中共中央关于建立社会主义市场经济体制若干问题的决定》，开始全面推进社会主义市场经济体制改革，同时，中国亦为重新加入GATT而努力。随着中国经济环境与制度环境的变化，国家计委产业政策司开始考虑在新的形势下制定新的产业政策。1992年5月，国家计委启动国家产业政策的研究制定工作，进行了大量的调查、研究与分析工作，并多次邀请部分专家学者及相应领域的工作者召开座谈会，听取各方意见，并在此基础上形成了征求意见稿。1993年5月，在国家计委、经贸委、体改委、国务院发展研究中心共同召开的产业政策工作座谈会上，国家计委提供了一份会议参阅文件，名为《关于近期产业政策工作的几个问题》[1]，其中指出，国家计委在制定下一步产业政策的时候，需要考虑到社会主义市场经济的发育、国际环境的变化、中国特殊国情3个方面的因素，并从以下几个方面展开工作：加强产业政策的预见性、导向性与专业性；制定一些加强市场功能、促进市场机制发育的产业政策；研究国家产业政策与地方经济发展的结合；形成适合中国国情的产业政策制定实施机制。1993年11月，国家计委根据党的十四届三中全会精神和拟在1994年出台的几项重大体制改革方案，对《90年代国家产业政策纲要》的草案做了进一步修改[2]。

---

[1] 刘鹤，杨伟民.中国的产业政策——理念与实践[M].北京：中国经济出版社，1999.
[2] 源自1994年《关于〈90年代国家产业政策纲要〉的说明》的内部报告。

第九章 规划体系与产业政策

1994年4月，国务院发布《90年代国家产业政策纲要》（以下简称《纲要》），这是中国颁布的第一部基于市场机制的产业政策。《纲要》明确提出，制定国家产业政策必须遵循符合建立社会主义市场经济体制的要求，充分发挥市场在国家宏观调控下对资源配置的"基础性作用"的原则。其政策重点主要包括6个方面的内容：一是大力发展农业和农村经济，增加农民收入；二是切实加强基础设施和基础工业；三是积极振兴支柱产业，特别是机械电子、石油化工、汽车制造和建筑业等产业；四是积极发展对外经济贸易，调整贸易结构，大力提高出口效益，鼓励进口新技术和关键设备、关键零部件；五是产业组织、产业技术和产业布局政策，产业组织政策旨在促进企业合理竞争、实现规模经济和专业化协作，在产业技术政策方面旨在促进应用技术开发、鼓励科研与生产相结合、加速科技成果的推广、推动引进和消化国外的先进技术，产业布局政策旨在逐步缩小经济发达地区与欠发达地区的差距、形成地区间专业化分工协作；六是建立产业政策的制定程序和实施保障机制。《纲要》还要求国家计委负责组织协调制定"交通、通信、建筑、电子、机械、石化和外资、外贸、技术及产业组织调整等产业政策"。《纲要》尤为重视规模经济问题，并附有《关于实施固定资产投资项目经济规模标准（第一批）的若干规定》及《固定资产投资项目的经济规模标准（第一批）》。随后，中国发布了《汽车工业产业政策》（1994年）、《水利产业政策》（1997年）、《当前国家重点鼓励发展的产业、产品和技术目录》（1998年版、2000年修订）、《当前优先发展的高技术产业化重点领域指南》（1999年版、2001年版）、《鼓励软件产业和集成电路产业发展的若干政策》(2000年)等一系列产业政策。在这一时期，为加入WTO，中国着手规范外商投资政策。1995年，中国政府发布《指导外商投资方向暂行规定》与《外商投资产业指导目录》(1995年版)，《外商投资产业指导目录》(1995年版)分为鼓励类目录、限制类目录（其中又分为甲、乙两类）、禁止类目录3类。1997年，中国政府对《外商投资产业指导目录》进行了修订。

《纲要》是在党中央确立建立社会主义市场经济体制的背景下制定实施的，其政策思想和政策体系与建立社会主义市场经济体制的要求相衔接。相比《国务院关于当前产业政策要点的决定》，《纲要》更加重视发挥市场机制的作用。在《纲要》和此后发布的一系列产业政策中，计划管理性的政策措施逐渐退出舞台，投资审批、行业准入、财政税收、金融等政策工具逐渐成为产业政策的主要政策工具。从总体来看，在这一期间，中国政府通过产业政策的实施完全取代了对微观经济的严格计划管理，企业逐渐成为市场主体，在接受国家产业政策调控与引导的同时，主要根据市场信号进行决策。由于产业政策不像计划管理那样具有很强的约束性，不当的产业政策干预较容易被突破和调整。许多产业的发展过程，均是不断突破有关部门预测、脱离其规划、摆脱其干预进而高速增长的过程，如果产业政策的干预大部分得以实现，这些行业的发展就会被进一步延迟[1]。

---

[1] 江小涓. 体制转轨时期的增长、绩效与产业组织的变化：对中国若干行业的实证研究[M]. 上海：上海人民出版社，1999.

从这个角度来看，产业政策因其灵活性不断释放微观经济活力，在很大程度上促进了产业发展及产业结构调整①。

四是产业政策的演进阶段（2002—2012年）。2001年，中国加入WTO，对外开放进程加速。2002年，党的十六大报告明确提出"在更大程度上发挥市场在资源配置中的基础性作用，健全统一、开放、竞争、有序的现代市场体系"，要"加强和完善宏观调控"。2003年10月，党的十六届三中全会通过《中共中央关于完善社会主义市场经济体制若干问题的决定》，提出"更大程度地发挥市场在资源配置中的基础性作用，增强企业活力和竞争力"。2003—2007年，中国出于对经济过热问题的担心，加强了宏观调控。2008年，国际金融危机爆发，中国经济亦受到强烈冲击，随后中国政府出台了强有力的政策体系来推动经济复苏。中国的产业政策正是在这些重要变化的交互影响下不断演进的。

2004年，中国颁布《国务院关于投资体制改革的决定》（以下简称《决定》），加快"转变政府管理职能，确立企业的投资主体地位"，明确提出"对于企业不使用政府投资建设的项目，一律不再实行审批制，区别不同情况实行核准制和备案制。其中，政府仅对重大项目和限制类项目从维护社会公共利益角度进行核准，其他项目无论规模大小，均改为备案制"，而对于投资核准，《决定》明确提出，核准主要从"维护经济安全、合理开发利用资

---

① 江飞涛，李晓萍. 当前中国产业政策转型的基本逻辑[J]. 南京大学学报（哲学·人文科学·社会科学），2015（3）.

源、保护生态环境、优化重大布局、保障公共利益、防止出现垄断等方面进行"。要加强和改善投资的宏观调控,综合运用经济的、法律的和必要的行政手段,对全社会投资进行以间接调控方式为主的有效调控。要制定和适时调整投资指导目录,建立科学的行业准入制度,规范重点行业的环保、安全等标准,防止低水平重复建设。在 2002 年以来的中国产业政策体系中,《决定》扮演着重要角色,它为产业政策中采用新的目录指导、投资核准与备案、市场准入、土地使用制度等政策工具提供了重要依据。2005 年,国务院颁布《促进产业结构调整暂行规定》(以下简称《暂行规定》),为政策部门全面干预与管理产业领域的投资,从而干预(或促进)产业结构的演变提供了重要依据,全面指导与管理产业发展方向的《产业结构调整指导目录》正是在此基础上制定的。《暂行规定》明确指出,"《产业结构调整指导目录》是引导投资方向,政府管理投资项目,制定和实施财税、信贷、土地、进出口等政策的重要依据。"《产业结构调整指导目录》由鼓励、限制和淘汰 3 类目录组成:对于鼓励类投资项目,可根据相关政策规定获取贷款、土地要素方面的便利与税收、土地价格等方面的优惠;对于限制类的新建项目则禁止投资;淘汰类项目严禁投资,对于已存在的淘汰类工艺技术、装备和产品必须按期淘汰,否则地方政府及相关部门可采取强制性措施。这类目录指导政策,其实质是对资源配置的直接干预。2002 年以来,部分行业的产能过剩问题引起政策部门的高度关注,政府相继出台了一系列的产业政策来抑制这些行业的盲目投资和产能过剩。例如,2003 年 11 月,国家发展和改革委员会(以下简称国家发展改革委)等部门共同制定了《关于制止钢铁行业盲目投资的若干意见》。2006年，国务院发布《国务院关于加快推进产能过剩行业结构调整的通知》。2009年9月，国家发展改革委出台《关于抑制部分行业产能过剩和重复建设引导产业健康发展的若干意见》，以治理钢铁、水泥、平板玻璃等行业的产能过剩问题，共有9方面政策措施，即严格市场准入，强化环境监管，依法依规供地，实行有保有控的金融政策，严格项目审批管理，做好企业兼并重组，建立信息发布制度等。2009年以来，强制淘汰落后产能成为治理产能过剩极为重要的措施。2010年2月，国务院颁布《国务院关于进一步加强淘汰落后产能工作的通知》，其中强化了淘汰落后产能工作的目标分解、行政上的组织领导与行政问责机制。2012年以来，中国政府进一步细化和强化了对行业发展的指导，相继制定了钢铁、电石、水泥、煤炭、铝、电力、纺织等行业的结构调整政策。随后又陆续颁布了《汽车产业发展政策》《钢铁产业发展政策》《水泥工业产业发展政策》与《船舶工业中长期发展规划》等行业发展政策。

  2008年，国际金融危机对中国经济产生了强烈冲击。2009年1月，国务院会议首先审议通过了汽车、钢铁产业调整振兴规划，随后国务院又先后通过了纺织、装备制造、船舶、电子信息、石化、轻工业、有色金属和物流业等8个产业的调整和振兴规划。与十大产业调整和振兴规划相配套的实施细则多达160多项，涉及产业活动的诸多方面[1]。此外，后国际金融危机时代，各

---

[1] 李平，江飞涛，王宏伟. 重点产业调整振兴规划评价与政策取向探讨[J]. 宏观经济研究，2010（10）.

国纷纷加大了在战略性新兴产业领域的投入与竞争，以积极抢占新一轮经济和科技发展的制高点。2010年9月，中国颁布了《国务院关于加快培育和发展战略性新兴产业的决定》，对战略性新兴产业的概念进行了界定，并选择了节能环保、新一代信息技术、生物产业、高端装备制造产业、新能源产业、新材料产业、新能源汽车产业等7个产业作为战略性新兴产业，对以上产业又给出了重点发展的产品、技术（或技术路线）及领域。2012年7月，国务院又发布了《"十二五"国家战略性新兴产业发展规划》，对重点发展领域及重点发展方向、主要任务、重大工程进行了部署。该规划的基本原则包括4个方面：一是市场主导、政府调控；二是创新驱动、开放发展；三是重点突破、整体推进；四是立足当前、着眼长远。

总体来看，2002—2012年，中国逐渐形成了完备的选择性产业政策体系，其中，投资的核准与备案、准入管理、各类目录指导政策处于比较中心的位置，政策部门对于财税、信贷、土地政策的运用也日趋娴熟，在行业政策制定方面也越来越详细和专业，对先进前沿技术与新兴产业的发展也越来越重视。在此期间，中国政府强调"在更大程度上发挥市场在资源配置中的基础性作用"，制定产业政策时强调充分发挥市场的基础性作用。例如，在《促进产业结构调整暂行规定》中，将"充分发挥市场配置资源的基础性作用，加强国家产业政策的合理引导，实现资源优化配置"作为基本原则。在《国务院关于加快培育和发展战略性新兴产业的决定》中，将"坚持充分发挥市场的基础性作用与政府引导推动相结合"作为基本原则。同时也要看到，这一时期，中国政府出于对经济过热与产能过剩的忧虑以及对金融危机冲击的担心等，不同程度地强化了对经济的干预。全面对外开放、支持技术研发与扩散等方面的产业政策在促进产业发展方面起到了重要作用，但直接干预性产业政策措施的不良效应日趋突出，包括导致部分战略性新兴产业产能过剩等问题[①]。

五是产业政策的新发展阶段（2013年至今）。中国产业政策的新发展主要表现为两个方面：首先，产业政策体系中越来越多地引入功能性产业政策；其次，产业创新政策在整个政策体系中扮演着越来越重要的角色。党的十八大以来，中国进入新的发展阶段，迫切需要通过深化市场经济体制改革与实施创新驱动发展战略为国民经济的健康发展注入新的动力。党的十八届三中全会也明确提出"使市场在资源配置中起决定性作用和更好发挥政府作用"。在这一大时代背景下，中国的产业政策更加注重发挥市场机制的作用，也更加强调政府应将工作重点放在构建良好的制度环境及外部环境方面，并开始注重功能性产业政策的应用，同时也更为重视产业创新政策的制定实施。

《中国制造2025》是在开展新一轮科技革命和产业变革与加快转变经济发展方式的大背景下制定的，旨在解决"制造业大而不强，自主创新能力弱，关键核心技术与高端装备对外依存度高，以企业为主体的制造业创新体系不完善"等方面的问题。《中国制造2025》以"创新驱动，质量为先，绿色发展，结构优

---

① 李平，等. 重点产业结构调整与振兴规划研究——基于中国产业政策反思与重构的视角 [M]. 北京：中国社会科学出版社，2018.

化，人才为本"为基本方针，"创新"被放在了最重要的位置上，同时更加注重发挥市场在资源配置中的决定性作用，在更高层次上对外开放，并提出了明确的战略任务和重点方面。《智能制造发展规划（2016—2020年）》亦是为落实《中国制造2025》而制定的一项重要政策。《中国制造2025》明确提出"全面深化改革，充分发挥市场在资源配置中的决定性作用，强化企业主体地位，激发企业活力和创造力"。在战略支撑与保障措施方面，深化体制机制改革、营造公平竞争市场环境与健全多层次人才培养体系等功能性产业政策成为其重要构成。作为《中国制造2025》的配套行动方案，《国家制造业创新中心建设工程实施指南》与《制造业人才发展规划指南》也属于功能性产业政策。

这一阶段，中国产业政策中的政府干预方式，主要是通过行政手段强制性去产能、限定生产工作日。

2013年10月，中国发布了《国务院关于化解产能严重过剩矛盾的指导意见》，2016年2月，发布《国务院关于钢铁行业化解过剩产能实现脱困发展的意见》《国务院关于煤炭行业化解过剩产能实现脱困发展的意见》。2017年，国家发展改革委、工业和信息化部、财政部等部门共同发布了《关于做好2017年钢铁煤炭行业化解过剩产能实现脱困发展工作的意见》。严格管制甚至禁止新建产能投资，设立去产能专项基金，严格淘汰不符合技术、环保、能耗、规模等标准的产能，制定严格的去产能目标，通过指标层层分解、落实地区与企业责任以及行政问责的方式来去产能，在煤炭行业甚至限制生产工作日，例如，《国务院关于煤炭行业化解过剩产能实现脱困发展的意见》中直接规定"从

2016年开始,按全年作业时间不超过276个工作日重新确定煤矿产能,原则上法定节假日和周日不安排生产"。2021年,全国多地出现了"控煤限电"的现象。

四、欧美发达国家产业政策回顾

英国是产业政策的发源地[①]。人类工业革命最先发生于英国,但英国并不是在完全市场经济条件下完成工业和技术革命的,而是充分利用了产业政策。以其工业革命的龙头产业——纺织业来说,当时英国纺织业竞争对手众多,既包括荷兰、西班牙、法国等欧洲国家,也有中国、伊朗和印度,更关键的是英国本土纺织品竞争力不高。但英国并没有放弃发展纺织业,而是以政策和国家力量扶持本国纺织业的发展。在光荣革命后已不再进口法国和荷兰的毛纺织品,并在1699年通过《羊毛法案》,保护本土纺织业。在1700年,英国议会又立法禁止从印度进口棉织品,甚至法令严格到哪怕一根棉线也不能由印度制造。事实上,印度不但具有较低的劳动力与原材料成本,而且有着流传几百年的生产经验与技术。虽然印度的棉织品物美价廉,但是英国却弃之不用,宁可使用质量较差、价格较高的本国产品。甚至在1812年,英国还对从印度进口的花布征收高达71.7%的进口税。如果允许印度的棉、丝织品自由进入英国,那么,英国的棉纺和丝织业的企业将会马上破产。

---

① 周文."市场经济没有产业政策"是谎言[N].北京日报,2018-08-13(016).

市场经济与统一大市场

美国是产业政策的堡垒。美国首任财政部部长亚历山大·汉密尔顿（Alexander Hamilton）于1791年向美国国会提交了涵盖钢铁、铜、煤、谷物、棉花、玻璃、火药、书籍等众多产业的制造业发展计划，从而开启了美国政府通过产业政策推动工业发展的正式篇章。他驳斥了英国经济学家亚当·斯密的比较优势理论，认为如果美国遵从比较优势理论，美国基础薄弱的制造业必然会受到冲击，而美国的产业只能被限制在农业范畴。因此，他认为政府应该征收高额进口关税，极端情况下甚至可以禁止进口以保护国内刚起步的制造业[①]。

法国工业的崛起也离不开产业政策扶持。在英国工业革命带来的竞争之下，因为迷信亚当·斯密的比较优势理论，法国工业已濒临破产，制酒行业也受到了冲击。在拿破仑时代，法国执政者意识到，完全的自由市场是愚蠢而荒谬的。拿破仑认为，在任何时期，任何国家想采取完全市场经济措施，必将一败涂地。随后极力推行大陆封锁体系，宣布任何商品必须有原产地证明，确属非英国及其殖民地的产品，方可进入大陆。接着又颁布了《拿破仑民法典》，使相对落后的法国工业获得了廉价劳动力、庞大的消费品市场和丰富的原材料，使法国工业获得发展良机[②]。

德国工业革命就是实施产业政策的直接结果。比如，通过建立德意志关税同盟，实行高关税政策，将英国和法国的工业品挡在国门之外。再比如，以兴办国有企业、资助私营企业的方式帮扶产业发展。奥托·冯·俾斯麦（Otto von Bismarck）作为德意

[①②] 周文."市场经济没有产业政策"是谎言[N].北京日报，2018-08-13（016）.

志帝国首任宰相，人称"铁血宰相"，被誉为"德国的建筑师"及"德国的领航员"，强化德国的产业政策，推动德国经济腾飞，创造了德国工业的奇迹。1830 年，德意志的工业人口占比不足 3%，仍是一个典型的农业国家。1870 年，德国煤产量达 3 400 万吨，生铁产量达 139 万吨，钢产量达 17 万吨，铁路线长度为 18 876 公里，工业一举超越法国，工业总产值占世界工业总产值的 13.2%[①]。

发达国家新时期产业政策主要特征是"再工业化"。"再工业化"作为刺激经济增长的产业政策，通过政府的帮助来实现旧工业部门的复兴，鼓励新兴工业部门的增长。"再工业化"不是新概念，多年前在对传统工业基地的改造和振兴中就已被广泛应用。20 世纪 70 年代，"再工业化"是针对德国鲁尔地区、法国洛林地区、美国东北部地区和日本九州地区等重工业基地改造问题提出的。"再工业化"是国外学者基于工业在各产业中的地位不断降低、工业品在国际市场上的竞争力相对下降、大量工业性投资移师海外而国内投资相对不足的状况提出的一种"回归"战略，即重回实体经济，使工业投资在国内集中，避免产业结构空洞化[②]。例如，2008 年国际金融危机爆发之后，美国提出"先进制造伙伴计划"，也被人称为"制造业回归"。奥巴马政府投入超过 5 亿美元用于"先进制造伙伴计划"，包括投入 3 亿美元用于合作投资与创新技术产业，投资超过 1 亿美元，使美国企业发现、开发和应用先进材料的速度提高到当时的两倍，耗资 1.2 亿美元开发创新的制造

[①][②] 周文."市场经济没有产业政策"是谎言[N].北京日报，2018-08-13（16）.

工艺和材料等[①]。

综上可知，发达国家是产业政策的发明者和主要使用者，而且与中国产业政策的演变历程相似，早期都是以选择性产业政策为主，如英国对棉纺织和纺织业的支持，美国对制造业的支持，法国和德国对工业的支持，现阶段，注重功能性产业政策和创新激励，如美国的"先进制造伙伴计划"。

专栏 9.1　欧盟的产业支持政策：以铁路装备产业为例

从宏观上看，欧盟对产业的支持既有适用于所有或大多数部门的功能性产业政策，也有满足具体产业需求的选择性产业政策。在铁路装备领域，欧盟通常以制度手段、预算手段、直接介入等方式对产业进行保护、促进乃至救助。

（一）鼓励技术研发与创新。欧盟于2014年发布新版铁路科研创新战略，设定了铁路领域2050年科研战略目标，同年启动第一个铁路科研创新专项"转向铁路"计划。该项目计划在2014—2020年以公私合作的方式向相关科研领域投入近10亿欧元资金，参与方包括交通运输领域的科研机构、高等院校、铁路运营商和相关企业。由于铁路装备领域的研

---

① 银昕，徐豪，陈惟杉.林毅夫 vs 张维迎：一场产业政策的世纪之辩[J].中国经济周刊，2016（44）.

发需求和方向基本由西门子、阿尔斯通、庞巴迪等少数行业寡头决定，专项资金在铁路装备产业的投入实际沦为对少数企业的科研资助。除此项目外，欧洲铁路装备企业还可以获得欧盟创新基金、联通欧洲基金、欧洲战略投资基金等科研支持。

（二）推动完善内部大市场。推动制定产品技术规则和统一技术标准是欧盟产业横向政策的重要组成部分。在铁路领域，欧盟出台措施以消除各成员国铁路基础设备设施、客货运输、运营管理的通用技术障碍，特别是扩大欧洲列车控制系统在欧洲的统一部署，帮助铁路装备企业减轻标准不一、市场碎片化导致的成本支出负担。

（三）支持提升劳动力技能。这也是欧盟产业横向政策的主要内容之一，即通过培训、职业学习、终身教育等使劳动力更加积极地适应产业结构转型。此外，欧洲铁路产业联盟呼吁通过对欧洲科学基金等工具的运用来增强铁路装备产业对青年工程师的吸引力。

（四）利用公共政府采购阻隔外部竞争。近年来，公共采购政策已经成为保障欧盟长期竞争力的重要手段，欧盟企业的铁路装备产品占本土市场份额的八成以上。第一，2014年欧盟新版公共采购指令设立了最具经济优势的投标原则（MEAT），强调关注产品整个生命周期成本以及环境和社会的可持续性，不再将价格最低作为唯一选择标准，以此来排挤来自中国等国家具有价格优势的制造商的竞争。这对于采购使用寿命长达50年的铁路装备产品具有明确的引导作用。

第二，欧盟公共采购指令第85条规定，在欧盟与第三国尚未签署双边或多边公共采购协定的情况下，如果竞标方提供的第三国产品价值占比超过总价值的50%，发标方有权拒绝该供应合同；在两个或者两个以上竞标方参与的情况下，如果投标价格差异不超过3%，则应优先考虑第三国产品占比不超过50%的竞标方。鉴于中国目前不是WTO《政府采购协定》参加方且未与欧盟签署相关双边协议，这一条款实际上产生了排挤中国企业的效果。第三，欧洲业界近年来呼吁欧委会对第三国的铁路领域投资项目进行监控，确保第三国投资者遵循欧洲公共采购法规，必要时对接受第三国政府补贴的企业在提交标书时进行质询。中国投资建设匈塞铁路遭到阻挠即是典型案例。

（五）利用贸易政策改善国际竞争环境。随着外来竞争日趋激烈，欧洲铁路装备产业日益要求贸易政策为产业发展服务。第一，希望通过贸易谈判扩大市场准入范围。欧洲业界要求欧委会在与中国、日本和美国等商谈经贸协定或修订贸易协定时，要纳入明显改善欧洲铁路装备企业进入对方市场的具体规定，特别在公共采购方面要求确保彼此市场准入对等。欧洲业界还呼吁要确保贸易协定不会导致欧盟出现新的产业转移或进一步"去工业化"进程。第二，要求欧委会推动第三国政府减少市场非关税壁垒，包括涉及合资或股本要求的投资壁垒。第三，要求欧委会对铁路装备领域的贸易扭曲问题进行交涉，包括供应国通过潜在购买方提供优惠的财务条件，为本国进口商提供不合理的支持。近年来，欧洲对我国企业通过政治财政支持迅速提高市场占有率的趋势表示担忧。

（六）政府对个体企业的直接干预。尽管以市场为导向的欧盟产业政策理念早已成为主流，但在实践中，传统的部门干预行为并未完全消失。例如，2008年11月，为配合欧洲经济复苏计划的实施，欧盟出台"国家援助临时框架"，允许成员国通过补贴性贷款、担保、以低碳经济为导向的专项补贴贷款等方式帮助企业缓解资金短缺的困难，而法、德、英、意政府出台的针对汽车等领域的国家援助计划都获得了欧委会的批准。在铁路装备领域，由于产业集中性相对较高，加之法国等国家素有政府干预经济的传统，因此，政府对市场的介入在个体企业案例中显得较为突出。主要表现为两个方面。一是提供融资支持或便利。2003年，阿尔斯通公司由于经营不善陷入破产困境，法国政府援引《欧盟运行条约》第107条第3款国家援助的"可裁量的例外情形"（"援助用于实施一项有着欧洲共同利益的项目或救济一个成员国严重经济失序的状况"），起初决定向阿尔斯通直接注资3亿欧元，并由法国几家银行联合再提供3亿欧元资金，加上债券、贷款和股票证券等总计融资约为28亿欧元。法国政府作为阿尔斯通的最大客户，其直接介入行为不仅可使阿尔斯通获得相当数量的订单，也可大大提升阿尔斯通在银行和保险公司中的信誉度，但此举涉嫌改变企业的市场竞争地位而遭到欧委会反对。最后在双方妥协下，法国政府以认购阿尔斯通定期附条件证券的方式，挽救了法国最大的轨道交通企业。无论是直接注资还是持有股份，法国政府对阿尔斯通单个企业的融资支持以及政府介入行动本身，已经对市场信心和企业竞争力产生了重大影响。二是刺激短期需求。2016年10月，阿尔斯通在法国贝尔福市的工厂面临倒闭，波及500多个就业机会，此时，正值法国2017年大选关键时期，奥朗德政府宣布采购15辆高铁列车，债务高企的法国国有铁路公司也承诺采购6辆高铁列车，政府还重申之前的采购计划，订购了30辆列车和20台内燃机车头。而当时法国面临着高铁列车严重过剩的现状，15辆高铁列车只能暂时用于城市间列车。尽管各界对法国政府的行为颇有微词，但欧委会仍默许了这一行动。不同以往，欧盟通过建设铁路基础设施、呼吁运营公司加快设施报废和提高换代速度等方式来刺激长期需求，而这一案例反映了欧盟及其成员国政府出于政治或其他因素的考虑，可能对铁路类市场的短期需求进行直接干预。

综上，欧盟对铁路装备领域的产业扶持总体上强调市场导向原则，主要在科研创新、市场环境、融资渠道等方面强化产业发展，并通过公共采购政策等进行保护。欧盟通过财政渠道支持制造业提升竞争力的空间越来越窄，工业补贴的直接干预模式几乎被放弃，转而采用更为隐蔽的扶持手段。但是，当产业陷入困境乃至濒临破产时，欧盟以国家利益和社会稳定为由的救助措施仍带有政府干预市场运行的色彩。总体上来看，欧盟的产业政策特征也和中国现阶段的产业政策特征类似，综合运用功能性产业政策和选

> 择性产业政策,既注重发挥市场在资源配置中的决定性作用,也强调更好地发挥政府作用,适时加以必要的行政干预。
>
> 资料来源:北京师范大学中国市场经济研究中心课题组研究报告,《中国经济市场化问题研究》,2020年。有删改。

五、产业政策与现代市场经济的兼容性分析

产业政策对所有国家的经济社会发展都至关重要,中国亦不例外。有学者研究发现[①],获得成功的、效果最显著的13个经济体有五个特征:一是开放经济,二是宏观稳定,三是高储蓄和高投资,四是有效市场,五是积极有为的政府。积极有为的政府通常依靠制定产业政策推动新的产业发展。企业家的创新主要是在产品和技术层面,而基础科研和公用技术的突破则需要依靠政府支持。经济发展既要利用比较优势,也要强调充分发挥政府的作用。中国经济的成功是从赶超战略转变为比较优势的结果,每个国家在不同发展阶段都有潜在比较优势的产业,政府理应帮助已经进入这些产业的企业解决一些问题,比如交通设施落后、电力供应不足等。英国伦敦经济与商业政策署前署长罗思义(John Ross)也援引英国萨塞克斯大学创新经济学教授玛丽安娜·马祖卡托的经典研究著作《创业型国家》论证产业政策的重要性。互联网、地理信息系统、触摸屏显示器和语音助手等技术主要都是

---

① 银昕,徐豪,陈惟杉.林毅夫 vs 张维迎:一场产业政策的世纪之辩[J].中国经济周刊,2016(44).

由政府资助开发的,这种蕴含着极大风险的慷慨投资绝不会因"风险资本家"或者"车库创业者们"的存在而出现,是政府这只"看得见的手"促成了这些创新的发生,假如坐等市场或企业靠自己的力量去做这件事,政府只是袖手旁观,或仅提供基础服务,创新就不可能发生。1930年,美国联邦政府在全部研发经费中所占的份额仅为16%,第二次世界大战后的几十年里一直保持在50%—66%[①]。

2020年3月,欧委会提出新工业战略,旨在指导欧洲工业实现气候中立和数字领军的双重转型,增强欧盟在全球产业竞赛中的竞争力和地缘政治角逐中的战略自主性。该战略通过制定一系列行动计划以期推动欧洲产业发展,设立了三大目标:保持欧洲工业的全球竞争力和公平竞争环境,实现2050年欧洲气候中立承诺,塑造欧洲数字未来。具体而言,新战略主要有八大行动计划:一是知识产权行动计划,旨在捍卫技术主权,促进全球公平竞争环境,打击盗窃知识产权行为,修订新法律框架以适应绿色和数字转型;二是重新审查欧盟竞争规则,包括评估企业并购和国家援助规则;三是善用贸易防御机制工具箱,拟在2020年年中发布有关外国补贴对欧盟单一市场的扭曲影响以及应对外国参与欧盟公共采购和申请欧盟资金的白皮书,并于2021年提出有关提案,此外继续通过WTO等多双边渠道强化工业补贴规则,推进采购市场对等开放;四是推进工业低碳化发展,包括鼓励高

---

① 银昕,徐豪,陈惟杉.林毅夫vs张维迎:一场产业政策的世纪之辩[J].中国经济周刊,2016(44).

耗能行业加快脱碳进程，支持可持续和智能交通产业发展，提高能源效率，增强碳泄漏应对工具，确保低碳能源供应的价格竞争力；五是强化工业和战略自主，包括出台关键原材料行动计划、欧盟制药新战略，以确保重要供应链安全，支持发展战略数字基础设施和关键使能技术；六是建设"清洁氢联盟""低碳工业联盟""工业云及平台联盟"以及"原材料联盟"等欧洲共同利益重要项目；七是优化绿色公共采购法规和指导意见；八是继续关注创新、投资和技能培养。

产业政策与现代市场经济是兼容的，不能把产业政策混同于计划经济，或者说成是政府全面控制经济。计划经济和市场经济的区别，不在于政府干预经济还是不干预经济，也不在于干预的是产业结构还是货币总量，关键在于其是"有限干预"还是"无限干预"。计划经济条件下，政府几乎掌握全部经济资源，对经济的干预属于"无限干预"，政府不支持的产业，就会丧失发展的空间。市场经济条件下，政府只是"有限干预"，产业政策的制定者不能垄断经济资源。政府掌握的资源该如何使用，产业政策说了算。市场掌握的资源该如何使用，市场说了算。两种力量可以形成共识、形成合力，共同推动某些产业的发展。有时候有分歧，就各自推动看好的产业发展，经过实践检验之后，最终仍可以达成共识。产业政策是为市场经济服务的，而计划经济是排斥市场的。对市场经济实行有限干预的必要性来源于克服市场缺失、市场失灵、产业的外部性和促成不同厂商从事社会协作所需要付出的巨大交易成本。这些成本不仅是导致贫困陷阱和中等收入陷阱的关键因素，也是导致东欧国家和俄罗斯市场化改革失败

市场经济与统一大市场

的原因[①]。

中国产业政策演变符合市场化改革取向，逐渐从选择性产业政策向功能性产业政策过渡，强调政府调控和市场机制的结合。中国产业政策的引进和发展，是在中国市场化改革、对外开放与经济快速发展的历史进程大背景下发生的。中国产业政策的演进沿着两条逻辑线展开：一条是市场化改革进程中政府与市场关系的调整，它对产业政策的取向、政策工具的选择产生了重要影响；另一条是经济快速发展中产业发展、产业结构转换所面临的主要问题的变化，它会对产业政策重点的变化产生重要影响。中国的市场化改革经历了放权让利、有计划商品经济、社会主义市场经济体制、"在更大程度上发挥市场在资源配置中的基础性作用"到"使市场在资源配置中起决定性作用"的转变过程。与之相适应，中国的产业政策体系也经历了一个从计划管理与选择性政策混合的产业政策体系，到选择性产业政策体系，再到以选择性产业政策为主体、以功能性产业政策为辅助的产业政策体系的转变过程。从总体上看，在这个转变过程中，中国的产业政策越来越注重发挥市场机制的作用。随着工业化进程与国民经济的发展，中国产业政策的重点亦会随之调整。改革开放伊始，中国处于工业化初期，严格的计划经济管理导致国民经济缺乏活力，加上基础设施十分落后，基础产业不能满足国民经济发展的需求，同时需要外汇购买国外先进设备与技术，这一时期产业政策的重

---

① 中国经济时报. 刘慧. 产业政策的得与失 [Z/OL]. (2018-11-21). https://baijiahao.baidu.com/s?id=1617669845849719675&wfr=spider&for=pc.

点是减少计划管理、加强基础设施建设、发展基础产业与培育发展出口创汇产业。随着经济发展向工业化中期迈进，中国基础设施与基础产业仍然薄弱，对经济主体仍管制太多，同时需要促进产业结构的升级，更多享受国际分工和贸易的好处，中国的产业政策重点是加快基础设施和基础工业的发展、以产业政策管理全面替代计划经济管理、支持资本密集型产业的发展并将其培育成支柱产业，加大对外开放力度、积极发展对外贸易。随着经济的进一步发展与工业化进入中后期，中国产业发展需要进一步融入国际分工体系和参与国际市场竞争，需要进一步提高技术能力与竞争能力，这时产业政策的重点在于全面支持资本密集型行业的技术提升、产品升级以及竞争力提升，培育和发展技术密集型产业以及全面扩大对外开放。随着中国步入中等偏高收入国家行列并进入工业化后期，产业与技术领域上的竞争越来越激烈，迫切需要提升产业创新能力，中国产业政策的重点转为提升技术密集型行业的技术能力促进其产品升级及研发能力，培育和发展新兴产业，推动整个产业体系研发能力、创新能力的提升以及新技术的扩散[1]。

总之，发达国家是产业政策的发明者和使用者。战后日本政府通过产业政策积极干预经济和产业发展，被普遍认为是造就"日本奇迹"的关键。日本产业政策引起中国学者与政府的广泛关注，20世纪80年代，中国在充分调研和多次论证的基础上开

---

[1] 江飞涛，李晓萍.改革开放四十年中国产业政策演进与发展——兼论中国产业政策体系的转型[J].管理世界，2018（10）.

始引入选择性产业政策理念。1989年,《国务院关于当前产业政策要点的决定》及相应落实政策的颁布实施,标志着中国初步尝试运用产业政策。1994年4月,国务院发布《90年代国家产业政策纲要》,这是中国第一部基于市场机制的产业政策,明确要求制定国家产业政策必须遵循"符合建立社会主义市场经济体制的要求,充分发挥市场在国家宏观调控下对资源配置的基础性作用"。2002—2012年,中国逐渐形成了完备的选择性产业政策体系。党的十八大以来,中国产业政策有了新发展,越来越多地引入功能性产业政策,并更加注重创新驱动和新兴技术的发展。

第十章

加快建设全国统一大市场

近年来，中共中央国务院接近印发了多份与社会主义市场经济直接相关的重要文件，包括2020年的《关于构建更加完善的要素市场化配置体制机制的意见》《关于新时代加快完善社会主义市场经济体制的意见》和2021年的《建设高标准市场体系行动方案》。2022年4月，《中共中央国务院关于加快建设全国统一大市场的意见》（以下简称"《意见》"）对外发布，引起社会各界广泛关注和多样解读。"全国统一大市场"是个老话题，但在新的时代背景下有了新任务、新内容和新意义。本章主要介绍《意见》的基本内容、出台的背景与意义，探讨全国统一大市场与社会主义市场经济之间的关系，研判全国统一大市场建设过程中可能出现的潜在风险。

一、《意见》基本内容

建设全国统一大市场是构建新发展格局的基础支撑和内在要求。《意见》明确，加快建立全国统一的市场制度规则，打破地方保护和市场分割，打通制约经济循环的关键堵点，促进商品要素资源在更大范围内畅通流动，加快建设高效规范、公平竞争、充分开放的全国统一大市场,全面推动我国市场由大到强转变,为建设高标准的市场体系、构建高水平的社会主义市场经济体制提供坚强支撑。

根据《意见》,加快建设全国统一大市场的工作原则是:立足内需,畅通循环;立破并举,完善制度;有效市场,有为政府;系统协同,稳妥推进。加快建设全国统一大市场的主要目标是:持续推动国内市场高效畅通和规模拓展,加快营造稳定、公平、透明可预期的营商环境,进一步降低市场交易成本,促进科技创新和产业升级,培育参与国际竞争合作新优势。

《意见》坚持问题导向、立破并举,从六个方面明确了加快建设全国统一大市场的重点任务。从"立"的角度,《意见》明确要抓好"五统一":一是强化市场基础制度规则统一;二是推进市场设施高标准联通;三是打造统一的要素和资源市场;四是推进商品和服务市场高水平统一;五是推进市场监管公平统一。从"破"的角度,《意见》明确要进一步规范不当市场竞争和市场干预行为。

《意见》强调了加快建设全国统一大市场过程中的组织实施保障,具体包括:加强党的领导,完善激励约束机制,优先推进区域协作,形成工作合力。

二、《意见》出台的背景与意义

准确把握和理解全国统一大市场,除了《意见》提及的三大特征——高效规范、公平竞争、充分开放以外,还可从这个概念

第十章 加快建设全国统一大市场

的对立面来更好地认识其内涵与外延,即与全国统一大市场相对立的就是地方性的、分割的、小规模的市场。

"构建全国统一大市场"的概念于2015年甚至更早的时候就提出了。2015年8月19日,国务院总理李克强主持召开国务院常务会议,部署发展现代流通业建设法治化营商环境,构建全国统一大市场旺消费促发展。会议要求坚决清除妨碍全国统一大市场建设的各种"路障",禁止滥用行政权力限制或排除公平竞争,禁止利用市场优势地位收取不合理费用或强制设置不合理交易条件,降低社会流通总成本。

因此,《意见》并非首提"全国统一大市场",而重点在于"加快建设",意即构建全国统一大市场的工作有所成效,但还存在较多问题,须进一步加快建设。那么,中国为何选择于2022年上半年高调提出要加快建设全国统一大市场?这就涉及《意见》出台的时代背景和重要意义。

国家发展和改革委员会对《意见》出台的背景和意义做了解读[1]。关于背景,这份解读强调两个方面。一是党中央高度重视统一大市场建设工作。党的十八届三中全会提出,建设统一开放、竞争有序的市场体系,是使市场在资源配置中起决定性作用的基础。党的十九大提出,清理废除妨碍统一市场和公平竞争的各种规定和做法。党的十九届四中全会提出,建设高标准市场体系,完善公平竞争制度,全面实施市场准入负面清单制度。党的十九

---

[1] 安蓓.潘洁,加快建设全国统一大市场 筑牢构建新发展格局的基础支撑——专访国家发展改革委负责同志[N].光明日报,2022-04-11(03).

市场经济与统一大市场

届五中全会提出，健全市场体系基础制度，坚持平等准入、公正监管、开放有序、诚信守法，形成高效规范、公平竞争的国内统一市场。2021年12月17日，习近平总书记主持召开中央全面深化改革委员会第二十三次会议时强调，构建新发展格局，迫切需要加快建设高效规范、公平竞争、充分开放的全国统一大市场，建立全国统一的市场制度规则，促进商品要素资源在更大范围内畅通流动。二是全国统一大市场建设工作取得重要进展，但在实践中还有一些问题亟待解决，如市场分割和地方保护比较突出，要素和资源市场建设不完善，商品和服务市场质量体系尚不健全，市场监管规则、标准和程序不统一，超大规模市场对技术创新、产业升级的作用发挥还不充分等。关于意义，这份解读归纳为五点，认为加快建设全国统一大市场是构建新发展格局的基础支撑，是构建高水平社会主义市场经济体制的内在要求，是实现科技自立自强推进产业升级的现实需要，是参与国际竞争的重要依托，是释放市场潜力、激发发展动力、促进经济平稳运行的重要举措。

中国之所以此时要求加快建设全国统一大市场，至少还包括以下两方面背景因素。

一是疫情反复，亟须通过建设统一大市场以确保各类相关物资在全国范围内顺畅供应，优化应急管理工作。近年来，因受森林覆盖率变低、环境污染、气候变化等因素影响，全球范围内地震、洪水、森林大火以及流行病等各类灾害频发，严重危及人们生命财产与安全。这对各国应急管理工作提出了新的挑战与要求，亟待优化相关物资物品的供应渠道，确保国内市场自由畅通。

二是国内外市场环境复杂多变，亟需通过建设统一大市场发挥市场优势和内需潜力,助力双循环新发展格局。国际市场存有高度的不确定性:欧美部分国家自2017年以来,多次通过双边或多边谈判并发布政策报告,拒不承认中国在国际贸易体系下的市场经济地位,频繁以市场扭曲为由对中国产品出口发起反倾销调查并征收较高的反倾销税。中美关系并未根本改善,美国持续施压外资企业把产业链、供应链转移至东南亚,拉拢相关国家降低对中国经济的依赖,限制高科技和敏感性技术对华出口,美国在亚太地区牵头组建了一系列主要旨在围堵中国的组织或协定,如印太经济框架(IPEF)、四方安全对话(QUAD)、"奥库斯"三边安保联盟协定(AUKUS)等,中美脱钩的风险越来越大。全球新冠肺炎疫情并未根除,俄乌冲突引致全球能源、粮食和难民危机。总之,世界经济复苏和对华产品的外部需求提升,难有起色。国内市场需求收缩,仅就现阶段来看,内部需求可供发掘和刺激的幅度有限。鉴于中国人口基数大,公共社会保障只能发挥基本的兜底功能,无法确保高质量,故多数家庭通常谨慎地选择了高储蓄,留作教育、医疗和养老所用。房地产市场泡沫进一步挤压了居民消费,每月需要偿还的住房贷款占据了大部分家庭可支配收入的重要份额。其余可用作餐饮、旅游等休闲娱乐的收入又因疫情缘故而暂时留置。2020年5月14日,中共中央政治局常务委员会会议指出,要深化供给侧结构性改革,充分发挥我国超大规模市场优势和内需潜力,形成国内国际双循环相互促进的新发展格局。随后,中央会议不断深化、细化双循环概念,进一步强调要加快形成"以国内大循环为主体、国内国际双循环相互促进的新发展格局"①。

在这样的时代背景下,加快建设全国统一大市场就有了新意义。从短期而言,破除地方保护与市场分割,包括医疗设备和生活物资在内的要素、资源和产品全国流动,有助于政府自上而下统筹抗疫工作,减少居民恐慌性购买现象,更好地保障防控区住户的生活。破除各种显性或隐性的制度壁垒,将超过14亿人的国内市场做大做强,充分发挥其规模效应和集聚效应,有助于降低国内生产成本,增强对外资的吸引力,从而实现经济高质量发展。

从长期而言,有助于贯彻落实新发展理念,推动形成新发展格局。新时代的中国对改革开放提出了新要求,必须秉持创新发展、协调发展、绿色发展、开放发展、共享发展的新发展理念,构建以国内大循环为主体、国内国际双循环相互促进的新发展格局。

《意见》所部署构建的全国统一大市场体现了创新发展、协调发展、绿色发展、开放发展、共享发展这些特征,符合新发展理念要求。

在创新发展方面,加快建设全国统一大市场的主要目标之一就是促进科技创新和产业升级。发挥超大规模市场具有丰富应用场景和放大创新收益的优势,通过市场需求引导创新资源有效配置,促进创新要素有序流动和合理配置,完善促进自主创新成果市场化应用的体制机制,支撑科技创新和新兴产业发展。

---

① 贾康,刘薇.双循环新发展格局[M].北京:中译出版社,2021.

在协调发展方面,《意见》要求优先推进区域协作并形成工作合力。结合区域重大战略、区域协调发展战略实施,鼓励京津冀、长三角、粤港澳大湾区以及成渝地区双城经济圈、长江中游城市群等区域,在维护全国统一大市场前提下,优先开展区域市场一体化建设工作,建立健全区域合作机制,积极总结并复制推广典型经验和做法。各地区各部门要根据职责分工,对本地区、本部门是否存在妨碍全国统一大市场建设的规定和实际情况开展自查清理。国家发展改革委、市场监管总局会同有关部门建立健全促进全国统一大市场建设的部门协调机制,加大统筹协调力度,强化跟踪评估,及时督促检查,推动各方抓好贯彻落实。

在绿色发展方面,《意见》要求建设全国统一的能源市场,培育发展全国统一的生态环境市场。在有效保障能源安全供应的前提下,结合实现碳达峰碳中和目标任务,有序推进全国能源市场建设。依托公共资源交易平台,建设全国统一的碳排放权、用水权交易市场,实行统一规范的行业标准、交易监管机制。推进排污权、用能权市场化交易,探索建立初始分配、有偿使用、市场交易、纠纷解决、配套服务等制度。推动绿色产品认证与标识体系建设,促进绿色生产和绿色消费。中国追求实现绿色发展所面临的主要挑战之一就是以块为主的地方环保管理体制及其带来的地方环保标准、法规以及监测监管方面的不统一。长期以来,中国地方环保部门是隶属当地政府的行政管理部门,环保部门的领导由地方任命,部门经费由地方财政拨付,因此不得不受制于地方政府,按照地方政府的要求行动办事。而地方政府在招商引资过程中往往就环境规制强度出现竞次现象,也就是说通过竞相降低环境标准来吸引投资，在事前环评、事中监管、事后奖惩等环节"放水"，引致生产企业"违法成本低，守法成本高"，从而使得污染性产业和企业向环境标准较低的地区集聚。2015年11月，习近平总书记在《中共中央关于制定国民经济和社会发展第十三个五年规划的建议》的说明中指出，现行以块为主的地方环保管理体制使一些地方重发展轻环保、干预环保监测监察执法，使环保责任难以落实，有法不依、执法不严、违法不究的现象大量存在。党的十八届五中全会提出，要实行省以下环保机构监测监察执法垂直管理制度改革。简而言之，就是要将以前的块状管理变为垂直管理。2016年7月，中央全面深化改革委员会第26次会议审议通过的《关于省以下环保机构监测监察执法垂直管理制度改革试点工作的指导意见》，给出了"三上一下"的框架设计，即上收市县生态环境机构管理权限，上收市县生态环境部门的生态环境保护督察职能，上收市县环境监测机构，下沉生态环境保护综合执法。2018年11月，经党中央、国务院同意，在全国推开环保机构监测监察执法垂直管理制度改革（以下简称环保垂改），要求纳入地方机构改革统筹实施，并明确了时间表、任务书。环保垂改主要是解决现行地方环保管理体制存在的4个突出问题，即难以落实对地方政府及其相关部门的监督责任，难以解决地方保护主义对环境监测督查执法的干预，难以适应统筹解决跨区域、跨流域环境问题的新要求，难以规范和加强地方环保机构队伍建设[①]。环保垂改主要针对环保管理体制，而全国统一的

---

① 搜狐网. 垂直管理：环保监测监察执法垂直管理制度改革这么改 [Z/OL].（2019-05-13）. https://www.sohu.com/a/313614592_120054683.

生态环境市场主要针对环保产品与服务市场,更科学合理的环保管理体制与更统一、规范、有效的环保市场结合,相得益彰,显然更有助于实现绿色发展。

在开放发展方面,加快构建全国统一大市场的五大主要目标中包括加快营造稳定、公平、透明、可预期的营商环境,培育参与国际竞争合作新优势。以市场主体需求为导向,力行简政之道,坚持依法行政,公平公正监管,持续优化服务,加快打造市场化法治化国际化营商环境。以国内大循环和统一大市场为支撑,有效利用全球要素和市场资源,使国内市场与国际市场更好联通。推动制度型开放,增强在全球产业链、供应链、创新链中的影响力,提升在国际经济治理中的话语权。

在共享发展方面,《意见》要求建设现代流通网络和推动交易平台优化升级。加快数字化建设,推动线上线下融合发展,形成更多商贸流通新平台、新业态、新模式。大力发展第三方物流,支持数字化第三方物流交付平台建设,推动第三方物流产业科技和商业模式创新,培育一批有全球影响力的数字化平台企业和供应链企业,促进全社会物流降本增效。深化公共资源交易平台整合共享。加快推动商品市场数字化改造和智能化升级,鼓励打造综合性商品交易平台。

加快建设全国统一大市场是构建新发展格局的基础支撑[①]。构建新发展格局,必然要以全国统一大市场为基础。只有国内

---

① 安蓓.潘洁,加快建设全国统一大市场 筑牢构建新发展格局的基础支撑——专访国家发展改革委负责同志[N].光明日报,2022-04-11(03).

市场高效联通，打通从市场效率提升到劳动生产率提高、居民收入增加、市场主体壮大、供给质量提升、需求优化升级的通道，形成供需互促、产销并进的良性互动，才能扩大市场规模容量，发挥市场促进竞争、深化分工的优势，进而形成强大的国内市场。

从长期而言，加快建设全国统一大市场还有助于建设高标准市场体系，进而构建高水平社会主义市场经济体制。本章接下来将专门讨论这方面内容。

三、全国统一大市场与社会主义市场经济之间的关系

全国统一大市场是建设高标准市场体系，进而构建社会主义市场经济体制的必然要求。《意见》出台后，社会各界对其产生不同解读，甚至有人担忧中国将重回计划经济时代。对此，部分学者予以否定并做了解释。上海交通大学教授陆铭认为，"市场经济的普遍特征本身就包含了商品自由流通和生产要素自由流通。在国内搞市场经济，一定是国内畅通大循环，商品自由流动，生产要素自由流动。《意见》的出台就是为了推进社会主义市场经济体制发展和国内大市场发展。有人把它理解为是一种计划，我觉得这种议论可能没有完全理解政府的功能。政府应该成为市场经济规则的制定者，但不是说完全没有政府的干预。打个比方，中国这么大的国家，如果每个省、每个市都有自己的监管和准入标准，这叫不叫市场经济？不是，因为它不是一

个统一市场。如果政府出台一些标准,把全国统一起来,正体现了党的十八届三中全会以来讲的市场成为资源配置的决定性力量,政府能更好地发挥作用。①"南京大学经济学教授刘志彪认为,"建设全国统一大市场,不是指建设任何经济事务都由中央统一决策的大市场,这样就演变为新计划经济体制了,而是要按照中央关于社会主义市场经济体制建设目标的要求,理解为以价格机制为基础统一协调和决定资源配置的大市场,这是最重要而且最基本的理解。"②国家发展和改革委员会经济体制与管理研究所陈伟伟认为,"计划经济最显著的特征是企业按计划指令进行生产,企业产品由统一的渠道进行分配销售。而建设全国统一大市场,目的是从根子上破除市场壁垒、维护公平竞争。其背后逻辑是为各类市场主体构建出规则制度统一的全国大市场,鼓励多样化市场主体进场公平竞争;行业主管部门和地方政府也不能'拉偏架',而是要真正给予有'绝活'、负责任的企业更广阔的舞台,真正让市场价格信号发挥资源优化配置作用……由此可见,建设全国统一大市场不是要统一市场主体,不是要统一分销渠道,不是要统一商品和服务,不是要统一市场价格,更不是要搞国有化。"③

---

① 姜慧梓.上海交通大学中国发展研究院执行院长陆铭解读"加快建设全国统一大市场",建设全国统一大市场不是重回计划经济[N].新京报,2022-04-13(15).
② 杨存海,易福红,李玲,黄慧诗,王玉凤.如何理解加快建设全国统一大市场,实现商品和生产要素全国范围内自由、无障碍流通[N].南方都市报,2022-04-15(08,09).
③ 刘坤.立破并举,加快建设全国统一大市场[N].光明日报,2022-04-28(015).

市场经济与统一大市场

　　加快建设全国统一大市场体现了社会主义市场经济的本质特征。本书第五章将社会主义市场经济的本质特征概括为两个方面，即坚持社会主义基本经济制度和坚持市场经济的共性标准。从《意见》可以看出，加快建设全国统一大市场，均能体现这两方面特征。一是坚持了社会主义基本经济制度。在指导思想上，以习近平新时代中国特色社会主义思想为指导。在建设内容上，明确要求保障能源安全供应，结合实现碳达峰碳中和目标、区域重大战略、区域协调发展战略，为资本设置"红绿灯"，防止资本无序扩张，促进绿色生产与绿色消费，等等，这些内容体现了中国新时代的新发展理念和新发展格局。在组织实施保障上，加强党的领导，要求各地区、各部门把思想和行动统一到党中央决策部署上。二是坚持了市场经济的共性标准。政府行为更加规范，侧重修订完善相关制度规则，保障公平竞争的市场秩序。完善统一的产权保护制度，实行统一的市场准入制度，维护统一的公平竞争制度，健全统一的社会信用制度，完善标准和计量体系，加快完善并严格执行缺陷产品回收制度，健全统一市场监管规则，强化统一市场监管执法，清理废除妨碍依法平等准入和退出的规定做法等。《意见》提出要"打造统一的要素和资源市场"并"推动商品和服务市场的高水平统一"，同时"进一步规范不当市场竞争和市场干预行为"。在这样的全国统一大市场中，经济主体及各类要素资源、商品服务都会更加自由流动，贸易环境会更加公平透明。

四、居安思危：警惕全国统一大市场建设过程中的潜在风险

适逢中国刚提出加快建设全国统一大市场，不能只唱颂歌，也要居安思危，及早识别和研判未来可能出现的潜在风险，便于建设过程中及时纠偏，始终坚持市场化、法治化、国际化的原则方向，助力构建高标准市场体系和高水平社会主义市场经济体制。在加快建设全国统一大市场的过程中，需要警惕两大潜在风险。

一是条强块弱，条块失衡。长期以来，中国在诸多领域实行条块结合、大致均衡的管理体制。加快建设全国统一大市场，统一的层次是在全国而不是地方，因此，要素、资源、能源、环境、商品和服务等统一市场的建设职责将主要收归于各相关的中央部委，强化"条"的功能。与此同时，要清醒地认识到，大市场统一的范围虽在全国，但统一的内容主要是法律、制度、规则、标准等，统一的目的主要是促进要素资源商品服务无障碍流通、市场竞争公平透明，绝不能以此为借口而无限扩大"条"的权力，抑制各地、各部门的积极性和灵活性，干预各行业、各企业的具体生产经营活动，削弱"块"的角色。故在加快建设全国统一大市场的过程中，始终要依据《中华人民共和国预算法》（2018修正）、《中华人民共和国预算法实施条例》（2020修正），特别是新一轮财税体制改革精神，处理好中央和地方之间的事权和支出责任。党的十八届三中全会通过了《关于全面深化改革若干重大问题的决定》，立足于全面深化改革的整体部署，以建立现代财政制度为目标，新一轮财税体制改革由此展开。有别于以往中央

或地方财力增减而定改革方案的做法，新一轮改革目标是构建现代中央和地方财政关系新格局，发挥"两个积极性"而非"一个积极性"。"建立事权和支出责任相适应的制度。适当加强中央事权和支出责任，国防、外交、国家安全、关系全国统一市场规则和管理等作为中央事权。部分社会保障、跨区域重大项目建设维护等作为中央和地方共同事权，逐步理顺事权关系。区域性公共服务作为地方事权。中央和地方按照事权划分相应承担和分担支出责任。中央可通过安排转移支付将部分事权支出责任委托地方承担。对于跨区域且对其他地区影响较大的公共服务，中央通过转移支付承担一部分地方事权支出责任。保持现有中央和地方财力格局总体稳定，结合税制改革，考虑税种属性，进一步理顺中央和地方收入划分。[①]"

二是数字治理，矫枉过正。数字经济时代，以数据为主要生产要素的新技术、新产品、新平台、新业态、新模式不断涌现且迅速发展，5G、大数据、云计算、区块链、元宇宙、人工智能、"互联网+"等开始广泛进入企业生产和居民生活领域，也为国家治理体系和治理能力现代化建设带来了便利和机遇。中央各部委和各级地方政府都开始采用数字技术，研发、推广、应用多种App进行数字治理，这些也将会用于部署建设全国统一大市场。例如，《意见》明确要求，加快数字化建设，推动商品市场数字化改造和智能化升级。不过，也要看到这种数字治理可能存在的潜在风险，数字化与智能化相结合，固然大大降低了数据信息收集和处

---

① 楼继伟. 深化财税体制改革，建立现代财政制度[J]. 求是，2014（20）.

理成本，显著提高了治理效率，但易使决策者在制定全国统一大市场的相关制度规则和行业标准时，过分依赖数据，盲目自信，从而抑制微观主体的灵活性和积极性，偏离社会主义市场经济的本质特征。妥善处理政府与市场之间的功能边界，是所有市场经济形式的重要内容。政府运用数字技术虽可显著优化经济治理，完善宏观调控，纠正市场失灵，提高公共服务能力，但海量数据背后呈现的是多维变量之间的相关关系，并非科学合理的因果关系，而若在错误研判因果关系基础上的数字治理则会偏离事实，损及经济效率。千千万万家企业可以及时应对各种市场条件变化，灵活调整生产决策，对冲经营风险。千千万万户居民能够及时掌握各类产品价格波动，灵活改变购买决策，保障消费需求。

第十一章

构建高水平社会主义市场经济体制

中国市场化改革没有终点，依然在路上。进入中国特色社会主义建设的新时代，社会主义市场经济依然面临诸多挑战，需要继续全面深化改革。除了前文提及的存在于法治建设、国有企业、规划体系、产业政策等领域的问题，面临的挑战还包括土地、资本、劳动力、能源、技术、数据等生产要素领域的市场化改革相对滞后的问题，以及本章重点讨论的三方面的问题，即政府干预、党的领导和基层党组织建设、思想市场。《中共中央关于制定国民经济和社会发展第十四个五年规划和二〇三五年远景目标的建议》从激发各类市场主体活力、完善宏观经济治理、建立现代财税金融体制、建设高标准市场体系、加快转变政府职能这五大方面做出总体部署，旨在全面深化改革，构建高水平社会主义市场经济体制。

一、构建高水平社会主义市场经济体制

党的十九届五中全会通过了《中共中央关于制定国民经济和

社会发展第十四个五年规划和二〇三五年远景目标的建议》[①]（以下简称《建议》），要求全面深化改革，构建高水平社会主义市场经济体制。《建议》从激发各类市场主体活力、完善宏观经济治理、建立现代财税金融体制、建设高标准市场体系、加快转变政府职能这五大方面做出了总体部署。

（一）激发各类市场主体活力

毫不动摇巩固和发展公有制经济，毫不动摇鼓励、支持、引导非公有制经济发展。深化国资国企改革，做强、做优、做大国有资本和国有企业。加快国有经济布局优化和结构调整，发挥国有经济战略支撑作用。加快完善中国特色现代企业制度，深化国有企业混合所有制改革。健全管资本为主的国有资产监管体制，深化国有资本投资、运营公司改革。推进能源、铁路、电信、公用事业等行业竞争性环节市场化改革。优化民营经济发展环境，构建亲清政商关系，促进非公有制经济健康发展和非公有制经济人士健康成长，依法平等保护民营企业产权和企业家权益，破除制约民营企业发展的各种壁垒，完善促进中小微企业和个体工商户发展的法律环境和政策体系。弘扬企业家精神，加快建设世界一流企业。

（二）完善宏观经济治理

健全以国家发展规划为战略导向，以财政政策和货币政策为

[①] 中国政府网.中共中央关于制定国民经济和社会发展第十四个五年规划和二〇三五年远景目标的建议[EB/OL]. (2020-11-03). http://www.gov.cn/zhengce/2020-11/03/content_5556991.htm.

第十一章 构建高水平社会主义市场经济体制

主要手段,就业、产业、投资、消费、环保、区域等政策紧密配合,目标优化、分工合理、高效协同的宏观经济治理体系。完善宏观经济政策制定和执行机制,重视预期管理,提高调控的科学性。加强国际宏观经济政策协调,搞好跨周期政策设计,提高逆周期调节能力,促进经济总量平衡、结构优化、内外均衡。加强宏观经济治理数据库等建设,提升大数据等现代技术手段辅助治理能力。推进统计现代化改革。

(三)建立现代财税金融体制

加强财政资源统筹,加强中期财政规划管理,增强国家重大战略任务财力保障。深化预算管理制度改革,强化对预算编制的宏观指导。推进财政支出标准化,强化预算约束和绩效管理。明确中央和地方政府事权与支出责任,健全省以下财政体制,增强基层公共服务保障能力。完善现代税收制度,健全地方税、直接税体系,优化税制结构,适当提高直接税比重,深化税收征管制度改革。健全政府债务管理制度。建设现代中央银行制度,完善货币供应调控机制,稳妥推进数字货币研发,健全市场化利率形成和传导机制。构建金融有效支持实体经济的体制机制,提升金融科技水平,增强金融普惠性。深化国有商业银行改革,支持中小银行和农村信用社持续健康发展,改革优化政策性金融。全面实行股票发行注册制,建立常态化退市机制,提高直接融资比重。推进金融双向开放。完善现代金融监管体系,提高金融监管透明度和法治化水平,完善存款保险制度,健全金融风险预防、预警、处置、问责制度体系,对违法违规行为零容忍。

（四）建设高标准市场体系

健全市场体系基础制度，坚持平等准入、公正监管、开放有序、诚信守法，形成高效规范、公平竞争的国内统一市场。实施高标准市场体系建设行动。健全产权执法司法保护制度。实施统一的市场准入负面清单制度。继续放宽准入限制。健全公平竞争审查机制，加强反垄断和反不正当竞争执法司法，提升市场综合监管能力。深化土地管理制度改革。推进土地、劳动力、资本、技术、数据等要素市场化改革。健全要素市场运行机制，完善要素交易规则和服务体系。

（五）加快转变政府职能

建设职责明确、依法行政的政府治理体系。深化简政放权、放管结合、优化服务改革，全面实行政府权责清单制度。持续优化市场化、法治化、国际化的营商环境。实施涉企经营许可事项清单管理，加强事中事后监管，对新产业、新业态实行包容审慎监管。健全重大政策事前评估和事后评价制度，畅通参与政策制定的渠道，提高决策科学化、民主化、法治化水平。推进政务服务标准化、规范化、便利化，深化政务公开，深化行业协会、商会和中介机构改革。

二、展望与建议

建设和完善社会主义市场经济体制，是一项全面、复杂而系统的工程。依据中国市场化指数，政府行为规范化、经济主体自

第十一章　构建高水平社会主义市场经济体制

由化、生产要素市场化、贸易环境公平化、金融参数合理化是判定市场经济发展水平的关键尺度。依据经济自由度指数，现代自由市场经济国家应该保持适度合理的政府规模，减少管制程度，健全法制与产权保护制度，提高对外贸易自由度，增加货币政策合理性。

2020年，党的十九届五中全会所通过的《建议》，重点从"有效市场"（激发各类市场主体活力、建设高标准市场体系）和"有为政府"（加快转变政府职能、完善宏观经济治理、建立现代财税金融体制）这两大维度，部署构建高水平社会主义市场经济体制，旨在实现充分发挥市场在资源配置中的决定性作用和更好发挥政府作用相结合。

《建议》在"全面深化改革，构建高水平社会主义市场经济体制"部分已对前文提及的诸多挑战做了重点部署，如推进生产要素市场化改革和一些垄断性行业竞争性环节的市场化改革、深化国资国企改革、转变政府职能、提高法治化水平、健全宏观经济治理体系（规划体系和产业政策）等。除此以外，《建议》在"实行高水平对外开放，开拓合作共赢新局面"部分针对市场化指数和经济自由度指数都较为关注的贸易自由化问题也做了明确要求，即"全面提高对外开放水平，推动贸易和投资自由化、便利化"。

但是《建议》对本章提及的党的领导和基层党组织建设以及思想市场存在的挑战并未做出部署，例如，在"加强党中央集中统一领导"的主题下没有关于改善和优化基层党组织建设，特别是不干预企业自主业务决策的内容，在"建设高质量教育体系"的主题下没有关于教育领域去行政化或促进自由开放思想的内容。故建议今后关于党的建设、全面深化改革等重大会议公报或相关政策文件能够按照构建高水平社会主义市场经济体制的要求，专题部署加强和改善党对经济工作集中统一领导的方式、优化基层党组织建设、培育自由开放的思想市场等内容。